1944年夏の **河 上　肇**

河上　肇

●人と思想

山田　洸　著

55

CenturyBooks　清水書院

はじめに

河上肇《かわかみはじめ》（一八七九〈明治一二〉～一九四六〈昭和二一〉年）は今日の若い諸君には、あまりなじみのない思想家の部類に入るかもしれない。高等学校の教科書にはめったに登場しないし、大学でも日本の近代思想史が取上げられるのはまれだからである。これはまことに奇妙な現象といわなければならない。明治から大正・昭和にかけておそらく河上ほど多くの読者をとらえ、広い影響を与えた思想家は少ないであろう。そうした人物について、日本の学校教育が十分に学ぶ機会を与えていないのは、片手落ちのそしりをまぬがれない。本書が多少でもこうした歪みをただすのに役立てば幸いである。

河上肇はわが国におけるマルクス主義経済学の開拓者である。しかし河上の思想家としての魅力は、けっしてマルクス主義や経済学といった分野の専門的な興味につきるものではない。おおよそ日露戦争のころから一五年戦争の時期にいたる、近代日本のもっとも波乱にとんだ三〇年余を、かれはつねに思想界の最前線で、時代とふかく関わりながら生き抜いた。河上のこのような生き方はふつう「求道者《ぐどう》」的といわれているが、かれは時代の提起する課題を避けることなく、つねに全力をあげてこれに取り組んだ。この真理探究の情熱、思想的誠実さといったものが、たまらない魅力として、多くの読者の心をとらえるのであろう。河上は晩年に執筆した『自叙伝』のなかで自分の過去の生き方をつぎのように説明している。

いやしくも自分の眼前に真理だとして現われ来ったものは、それがいかようのものであろうともさらに躊躇《ちゅうちょ》することなく、いつでも直ちにこれを受け入れ、そしてすでにこれを受け入れた以上、あくまでこれに食い下がり、合点《がてん》のゆくまで次から次へ掘り下げながら、依然としてそれが真理であると思われているかぎりにおいては、あえて身命を顧慮《こりょ》せず、毀誉褒貶《きよほうへん》を無視し、できうるかぎり謙虚な心をもって、無条件的にかつ絶対的に徹底的に、どこどこまでもただ一図にそれに服従し追従してゆき、ついには、最初はとても夢想だもしなかったような、危険な、無謀な、あるいは不得手な境地に身を進めなければならなくなっても、逃避せず尻込みせず、無上命令に応召する気持ちで、いのちがけの飛躍をなすことをあえて辞しないが、しかしこうした心持ちで夢中になって進んでゆくうちに、最初真理であると思って取り組んだ相手がそうでなかったことを見極めるにいたるやいなや、その瞬間、いっさいの行掛りに拘泥《こうでい》することなく、断乎としてただちにこれを振りすてる。これが私の人格の本質である。(「むらと変化の多い私の生涯を一貫せる本質的なもの」)

これは言うだけならたやすいかもしれないが、じっさいにそのように生き抜いた河上のことばであるだけに、重みがある。

河上の思想的生涯は、大きく二期に分けて考えることができる。経済と道徳との一致を求めて経済学の研究を志した河上が、しだいにマルクス主義者として自己を形成していった前期（第五章まで）と、無産運動の実践のなかで逮捕――投獄された河上が、マルクス主義の科学的真理と宗教的真理の「統一」という課題に取り組んだ後期（第六、七章）とである。

かれが経済と道徳との一致をつよく願う立場から経済学の研究に向かったのは、当時、日清戦争を契機に始まった日本資本主義の急激な発展が、足尾鉱毒問題に象徴されるような悲惨な現実を生みだしており、人道主義的な理想に燃える青年河上をとらえて放さなかったからである。しかし理想主義者河上は、なぜその解決をマルクス主義に求めたのであろうか。そこには重要な理論上、思想上の問題が横たわっている。

理想主義も観念論も、ともに"idealism"の訳語であることからも明らかなように、理想主義は一般に観念論の立場をとる。これにたいしてマルクス主義は唯物論の見地に立つものである。だとすれば、理想主義者河上は、なぜ経済学の研究を通じて観念論から唯物論へとすすんだのであろうか。河上はこの問題の解決に三〇年の歳月をついやした。

この過程で河上は、さまざまな失敗をおかしている。一九〇五（明治三八）年、読売新聞に連載中の「社会主義評論」を突然中断して、すべての職も投げだし、無我愛を説く宗教運動に飛び込んでしまった。一九二九（昭和四）年には、無産政党の結成をとなえ、そのために長年住みなれた京都から東京に住居を移したほどなのに、わずか一年たらずで、その解消運動を展開した。その他、河上という人はその種のエピソードには事欠かない。しかしそうしたエピソードのなかにも、真実を求めてやまない河上の真摯《しんし》な生き方が、一本の太い線となってつらぬかれている。前期については、河上のこの生き方に即して、その思想発展を考察してみたい。

では、後期の河上はなぜ科学的真理と宗教的真理の統一を唱えたのであろうか。河上は両者の「弁証法的統一」を主張してはいるが、じつは完全な二元論に陥ってしまっている。かれはマルクス主義にたいする信念は捨てていないが、同時にマルクス主義とはあいいれないはずの宗教的真理の絶対性も主張している。それはなぜだったのであろう。

そこには、かれの逮捕――投獄という特殊な体験が大きく関わっているが、しかしそれ以上に、河上ほどの思想家にとっても、思想的に首尾を一貫させて生きることが、どんなにむずかしいことであるかを、私たちは考えさせられる。したがって後期の河上については、かれがなぜ宗教問題を唱えるようになったのか、それが晩年の『自叙伝』などにどのように投影しているか、を中心に考察する。

本書の叙述を通じて、人間が現実に生きるという事実と思想との関わりのたいせつさが、いくらかでも伝えられれば幸いである。

叙述にあたっては、河上の考えに直接触れてもらうために、河上の文章からの引用を多くした。しかし便宜のため、難解な漢字や旧かな使いは、特別のばあいを除いて、書き改めてある。特に断りのないばあいは、引用はすべて『自叙伝』からである。

目次

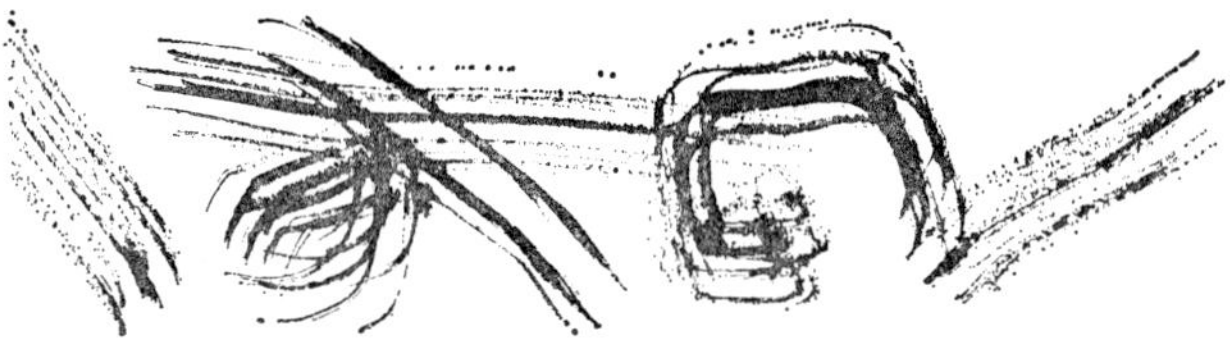

第一章　生いたち

生いたち

ふるさと

河上肇は一八七九（明治一二）年一〇月二〇日に山口県の錦見《にしみ》村（現岩国市錦見町）に生まれた。有名な錦帯橋のすぐ近くであり、河上は晩年になってもなつかしく故郷を思いおこしている。かれが一九四三（昭和一八）年、六三歳のときに「ふるさと」と題して詠んだ詩をかかげておこう。

わが家をいでて
ふくろふの
ときじく鳴ける
竹やぶの
をぐらきかげの
細道を
へび恐れつつ
通りぬけ
河原ばたけの
くろを行き
いさごの上に
たたずめば
錦帯橋の
下流れ

臥龍橋《がりょう》を
くぐりきて
錦屏山に
せかれつつ
しばしいさよふ
錦川
瀬にさからへる
鮎《あゆ》のむれ
しづかにくぐる
いかだぶね
うつくしかりし
ふるさとの
五十余年を
へつれども
おいらくの身に
今もなほ

生家近くの錦帯橋　1673年に架橋されたが，戦後の台風で流失し，1952年に修復された。

父河上忠《すなお》は長州藩の支藩吉川家に仕える一九石取りの下級武士であった。ただ維新以後は錦見村長や岩国町長を長いこと歴任したというから、経済的には安定していた。

わがままな子

母田鶴《たず》はなんらかの事情で、河上の出産前にいったん離縁になっており、このため河上は祖母イハの手で育てられた。母乳がないため重湯《おもゆ》などで育てられたわけだが、そのためか虚弱でわがままな子に育っていった。河上は自分の幼児期のエピソードとして、「やっと私が畳の上を這いあるくころから、人間が卑しくなってはいけないといって、菓子はそこいら中にばらまき、私が取って食うに任せていた」と書いている。この祖母はまた、たいへんな癇癪《かんしゃく》もちで——河上は後年になって、それを癲癇《てんかん》ではなかったかと推測している——河上もその体質を祖母から受けついだらしいというのだが、かれも相当な癇癪もちであった。かれが何かに腹を立てて泣きだしたら、まるで手がつけられなくなってしまい、家人たちは難を避けるために物置などにかくれてしまったというのだから、その癇癪ぶりも想像がつく。こんな育児法はけっしてほめられたものではないし、まずたいていの子どもはスポイルされてしまう、というのが今日の通説であろうが、しかし河上はその結果、たいへん自我のつよい、正しいと信じたことはどこまでもやり通す思想家に成長したのであるから、育児問題もなかなかむずかしい。

四歳で小学校入学

河上は満四歳五ヵ月で岩国小学校に入学した。当時は今日とちがって、就学年齢などあまりきびしいことを言わなかったにしても、四歳は早い。村長の息子だということで、おおめにみられたらしいが、役場の小使いさんに背負われて通学したのだという。河上はこのことについて、「父としては不似合いなことだが、どうも私にたいする愛のためにはだいぶ公私混合の取扱いをしたものとみえる」と説明している。

幼年期の河上肇
左は祖母，右は母

村役場と小学校が同じ構内にあり、教員の任免が村長の裁量にまかされていたというのであるから、かれが「成績卓絶」の証書をもらって卒業したとしても、それはかれのいうとおり、あまり当てにはならないが、その後の河上をみれば、やはり相当に優秀な子どもであったのは事実であろう。かれは小学校を四年間で無事修了すると、岩国学校に進学した。

防長教育会

ここで当時の学校制度についてかんたんに説明しておこう。今日の六・三・三・四制がしかれたのは戦後のことだが、それ以前のいわゆる旧制――六・五・三・三制が全国的に行われるようになったのは、明治三〇年代に入ってからである。それ以前には、まだ各地にさまざまの変則的な学校が存在した。

一八九七（明治三〇）年に京都帝国大学が設置されるまでは、帝国大学令にもとづく唯一の帝国大学が東京にあっただけであり、その下に、全国五学区に一つずつと、とくに鹿児島（薩摩）と山口（長州）に、合計七つの高等中学校が設けられていた。

山口県では旧藩主毛利元徳の胆《きも》入りで「防長二州の高等教育の改良上進」を目的とする私立防長教育会が一八八四（明治一七）年に設立された。会長は毛利元徳、副会長には支藩四藩主（長府、徳山、清末、岩国）がなり、有志の寄付をつのってスタートしたものである。教育会の趣意書が「我が防長の昔日を視よ、先公つとに学事を奨励し、人材を培養し、天下済々《せいせい》多士の称あり。しかして今やひとり山河草木のみ旧時に異ならざるあり」と訴えているように、それは防長＝山口県の人材を育成することを目的とした。旧藩校山口明倫館跡に設置された山口高等中学校を中心に、それと直結する形で、県下に五つの予備門を設け、防長教育会がそれらの経営に当たっている。河上が進学した岩国学校もこの予備門の一つである。尋常《じんじょう》小学校をおえたものは、予備門四年、高等中学校の予科三年、本科二年の合計九年間を、いわば一貫したカリキュラムのもとに勉学することが保障されていた。

防長教育会が当時どのような教育方針をとっていたか、くわしいことはわからないが、河上在学当時の校長岡田良平（静岡・掛川藩士の子。のち河上が京大に赴任する時期の京大総長、京大を辞任するころの文部大臣）は「訓育」に重きをおいたといわれるし、そのばあい、さきの設立趣旨からいっても、「防長二州の先賢の言行」がたびたび取りあげられたであろうことは、想像にかたくない。幕末に尊皇攘夷《そんのうじょうい》論を唱えて処刑された吉田松陰、幽閉中に松下村塾《しょうかそんじゅく》で多くの人材を育てた松陰は、防長の先覚者として、当然第一に取りあげられたであろう。ちょうどこの頃、松陰は政府の手で靖国神社に合祀《ごうし》され、松下村塾の地に松陰神社も創建されたばかりであった（一八九〇年）。河上はやがて山口高等中学校時代にこの吉田松陰を知り、つよい影響を受けることになる。

河上の学んだ岩国学校 1870年に建てられたが，現在の建物は1971年に解体修理されたもの。

一〇歳で「日本工業論」

河上が岩国学校に進学したのは、わずか八歳、ふつうなら小学三年生のときである。しかもその三年次には、かれの発案で演説会をやったり、回覧雑誌を発行したりしている。かれがこの雑誌に発表した「日本工業論」はつぎのように論じている。参考のためなるべく原文に近い姿で引用しておこう。

方今《ほうこん》旧日本已《すで》ニ去リテ新日本将《まさ》ニ生レントス。而《しか》シテ英アリ露アリ、毎《つね》ニ我が釁《すきま》ニ乗ゼント欲ス。……而シテ我国工業盛ンナラズ、故ヲ以テ例ヘバ戦艦ヲ造ラントスルヤ、又之《これ》ヲ仏人ニ委任シ、多量ノ金銭ヲ費シ、多量ノ苦労ヲ要シ、或ハ道ニシテ之ヲ失ヒ、遂ニ我レニ勇アリ武アリ才アリ智アリト雖《いえど》モ、大ニ損スルアルニ至ル。嗚呼《ああ》惜イ哉。是レ実ニ我邦工業ノ盛ナラザルノ致ス所ニシテ、実ニ我ガ神州ノ為メニ悲ム可《べ》キ事実ナリトス。（後略）（「岩国学校時代の回覧雑誌」）

河上はこれを「幼稚な文章」と謙遜しているが、なかなかどうして、とても一〇歳の少年のものとは思えない堂々たる文章である。もちろんここに展開された主張はかれの独創になるはずもなく、おそらく下敷きとなった手本もあるのだろうと考えられるが、それにしても一〇歳で立国の方策を論じているところに、当時の岩国学校の校風がうかがえるし、少年期の河上がそうした空気を吸って、経世家への夢を育《はぐく》みつつあった様子がうかがえる。

山口へ

河上は四年課程の岩国学校を五年かけて、つまり一年落第して卒業し、一八九三（明治二六）年に山口高等中学校の予科にすすんだ。一年おくれたとはいえ、まだ一三歳、今日でいえば中学二年の年ごろである。それまでわがままいっぱいに甘やかされてきた河上が、生まれてはじめて家族から離れて、自立生活をすることになったのだから、ずいぶん心細い思いをしたらしい。いまでこそ岩国、山口間は新幹線で一時間たらずの距離であるが、当時は、まず新港まで四キロの道を歩き、そこから船で防府の三田尻に出て、さらに陸路を一七キロほど歩かなければならなかったというのだから、容易ならぬことであったろう。

河上が予科に在学中に学校の制度が変わり、高等中学校は尋常中学校と高等学校に分離されているが、河上は結果的には同じ五年間を山口ですごしたことになる。

松陰への傾倒

山口での第一年目に徳富蘇峰の『吉田松陰』が刊行されており、河上はそれを「非常な感激」をもって読んでいる。かれが「梅陰生」「天保狂夫」の印をつくらせていることからも、その傾倒ぶりが推測される。「梅陰」は河上の家に白梅の老木があったことから、「松陰」にちなんで名づけたものであり、「天保狂夫」は天保元年生まれの松陰が「狂夫の言」を執筆していることにちなんだのであろう。のちに獄中で詠んだ河上の詩には「年少夙《つと》に松陰を欽慕し後に馬克斯礼忍《マークスレーニン》を学ぶ」というのもある。松陰は安政大獄で処刑される一、二年まえのころになると、さかんに「狂」の文字を用いて自己の立場を主張している。一つには、自分の主張が当時の人々の理解するところとならず、かえって狂人扱いされることへの抗議であり、いま一つは、命がけで狂するぐらいにならねば、当時の難局は打開できるはずがないという危機意識の表明でもあった。

吉田松陰（1830—1859）

今日の患《わずら》いは、人いまだその患いたるを知らざれば、すなわち吾が計をもって暴となし狂となすもまた宜《むべ》なり。人もって暴となし狂となせども、しかも吾れなお言わざるべからざるものは、これにあらずんば国家の亡立ちどころに至ること疑いなければなり。（吉田松陰「狂夫の言」）

河上はこうした松陰の生き方につよく感銘を受けていた。かれがわざわざ萩の松陰神社まで何回も出かけ、松陰の筆跡の石刷などを買ってきて、自室の壁にはりめぐらしていたことからも、それは理解できる。

河上は山口高校では文科をえらび「文学青年になりすましていた」が、しかし胸の奥底では、しだいに経世家への志望が頭をもたげつつあった。

文科から法科へ

河上は山口高校の卒業試験が目前に迫った一八九八（明治三一）年の七月、文科から法科に転科することを決心し、学校当局に申しでた。このときの心境の変化を、かれはつぎのように説明している。

私の胸の底に沈潜していた経世家的とでもいったような欲望は、松陰先生によってたえず刺激されていたことと思うが、それはついに、日本で政党内閣が初めて成立したことに関連する諸般の新聞記事に刺激されて、たちまち表面に暴れ出た。尾崎行雄、大東義徹《おおひがしぎてつ》、松田正久などいういわばシルクハットも持ち合わしていないくらいに思われていた政党者流が、無位の野人から一躍して台閣に列したという報道は、少年の心に功名手に唾《つばき》して成すべしという昂奮《こうふん》を与えた。文学はいまだもって男子の一生を托するに足れりとしない。おれは法科へ転じよう。こう私が決心したのは、卒業試験がはや目捷《もくしょう》の間に迫っていた時のことである。（「文科志望から法科志望に転ず」）

河上がここで「政党内閣云々」と書いているのは、この年六月、第三次伊藤博文内閣総辞職のあとを受けて、わが国ではじめて大隈重信・板垣退助の率いるいわゆる隈板《わいはん》内閣が成立したことをさしている。じっさいには政党の地盤がまだ弱く、陸海軍大臣は桂太郎、西郷従道に占められていて、軍備拡張政策を変更する余地もなかったから、なすすべもないまま、わずか四ヵ月で退陣に追いこまれてしまうのであるが、しかし元老・藩閥勢力が政党を敵にまわして後継内閣を組織する自信を失い、大隈・板垣に政権をゆだねなければならなかったことは、大事件であった。ことに山口県人である河上には大事件であったかもしれない。このとき文相になった尾崎行雄は若冠三八歳、蔵相になった松田正久、司法相になった大東義徹も「無位の野人」であった。もっとも伊藤博文や山県有朋も、少し以前にさかのぼれば「無位の野人」だったわけで、このあたりの河上の発想は時代がかっているが、しかし尾崎らが元老・藩閥勢力のまえに立ちふさがり、組閣を断念させたという事実が、これだけの刺激を河上に与えたのであろう。もともと河上のなかにあった経世家への野心が、この事件をきっかけに、いっきょに前面に押しだされたのだといえる。

河上のこの卒業直前の転科希望は、いかにも唐突なものにみえたらしく、学校当局はかれを教頭室によんで説諭しているし、河上の詩人的、文学的資質を惜んだドイツ語教師登張竹風《とばりちくふう》は、わざわざかれを自宅によんで説得したというが、河上の決心は動かなかった。こうして河上の山口時代はおわり、東京に舞台はうつる。

第二章　青年期の思想形成

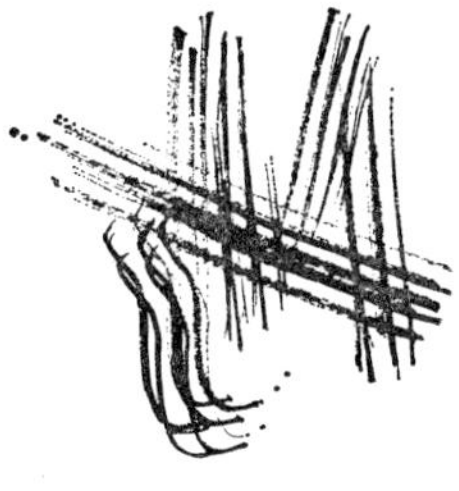

一　社会問題への開眼

首都東京

河上肇は一八九八（明治三一）年九月、東京帝国大学法科大学政治科に入学するため、上京した。本州の西端山口からはるばる上京してきた河上を迎えた首都東京は、どのような状況であったのであろうか。

東京では六月に成立したばかりの、隈板内閣の文相尾崎行雄の八月二〇日の演説が「不敬」事件をひきおこしていた。この演説は帝国教育会におけるもので、かれは当時の拝金主義的風潮を批判したにすぎないのであるが、そのなかで「日本にては共和政治を行う気遣いはない。たとい千万年をへるとも共和政治を行うということはないが、説明の便利のために、日本にかりに共和政治ありという夢をみたと仮定せられよ。おそらくは三井・三菱は大統領の候補者となるであろう」と述べたことが、国体を軽んじ天皇への不敬にわたると攻撃されたのである（『大日本憲政史』）。

その事後処理をめぐって隈板内閣は、一〇月末には瓦解《がかい》してしまった。代わってつぎつぎと登場した山県有朋（第二次）、伊藤博文（第四次）、桂太郎（第一次）の歴代内閣のもとで、「臥《が》薪《しん》嘗《しょう》胆《たん》」のスローガンのもとに軍備増強がつづけられ、やがて日露戦争につきすすむことになる。

しかしこうした既成政治家たちの政治取引きとは別のところで、もっと大きな新しい動きがすでに始まっていた。キリスト教社会主義者たちをはじめとする、さまざまな社会運動の開幕である。河上は大学での講義よりも、むしろ社会主義者たちの演説から多くを学びながら、自己を形成していった。

初期の社会運動

明治の社会運動は日清戦争の直後にはじまっている。それは日清戦争の期間を通じて日本の資本主義が急速に発展し、それにともなって労働問題や社会問題がいっきょに表面化したからである。一八九六年には桑田熊蔵、高野岩三郎らによる社会政策学会が、翌九七年には樽井藤吉、中村大八郎らによる社会問題研究会、高野房太郎、城常太郎らによる職工義友会、労働組合期成会が、それぞれ発足している。そして、それとほぼ同時に、すでにキリスト者（ユニテリアン）のあいだでは社会主義の必要性が自覚されてきており、九八年に社会主義研究会が、一九〇〇年にはそれを発展させた社会主義協会が組織されている。

高野房太郎らは一〇年ちかいアメリカ生活を送ってきており、滞米中に、そこでの労働運動に刺激を受けて、サンフランシスコの日本人労働者を組織して職工義友会の活動をはじめていた。そして日清戦争の翌年、あいついで帰国すると、ただちに日本での労働運動に着手したのであった。当時の労働者がおかれていた状態は、横山源之助の『日本之下層社会』などにくわしく報告されてい

社会民主党の面々 1901年に結成されたが、ただちに禁止された。
左から安部磯雄、河上清、幸徳秋水、木下尚江、片山潜、西川光二郎。

るように、悲惨をきわめたものであったし、日清戦争の過程を通じて、労働者の数も急速に増大していたから、高野らはただちに労働問題に取りくむ必要があると考えたのであった。

キリスト者たちも、労働者たちの悲惨な生活をまのあたりにしては、黙視していることはできなかった。キリスト教のなかにある隣人愛、ヒューマニズムの精神が、社会問題に積極的に取りくむことを命じたのだといえよう。もちろんすべてのキリスト者が社会運動に立上ったわけではないが、しかし明治になって日本に入ってきたキリスト教は、主としてプロテスタントであり、もともと非常に社会的関心がつよかった。たとえば、新島襄は同志社の教育方針について、「わが同志社の門をくぐりたる者は、政治家にまれ、宗教家にまれ、実業家にまれ、文学者にまれ、少しく角あるも可なり、奇骨あるも可なり、ただけっしてかの優柔不断にして安逸をむさぼり、苟且姑息《こうしょこそく》の計をなすがごとき者たらざらんこと、これ裏がせつに望み、ひとえに希《ねが》ら所なり」と述べている。（「新島襄語録」）

したがってかれらにとって、貧富の差をなくし平等な社会の実現をめざす社会主義は、まさにキリスト教の理想と合致するものと考えられた。安部磯雄、村井知至らによって唱えられたキリスト教社会主義が、多くのキリスト者青年によって共感され支持されたのもこのためである。

人道主義的社会運動

当時の社会運動は、労働運動、社会主義といっても、今日これらの言葉から想像されるものとは違って、人道主義的性格のつよいものであった。高野らの労働組合期成会は、労働者と資本家の「並進」「調和」によって資本主義の健全な発展をめざすことを主張したものであったし（労資協調主義）、安部らの社会主義もキリスト教的博愛、平等の実現を求めたものであった。

社会主義研究会創立期の会長であった村井知至は社会主義に経済的側面と倫理的側面を区別し、「予の如きはその倫理的方面の美妙に感じてこの主義を奉ずるにいたった」と述べ、「十八世紀においては人々ただ自由権利を重んじ個々己れの利益を主張せんとせしが、十九世紀に至りては同胞主義、協愛主義の思想大いに起こり、博愛仁愛《ヒューマニチー》の情ますます熾《さか》んならんとす、……これじつに時代の精神なり、いなもっとも美麗なる近世的精神の発露なり。しかして社会主義は人情の大義を重んじ、人々相愛の大道を行わんことを期す、社会主義はじつに人情主義《ヒューマニズム》をもって根本動念となせるなり」(『社会主義』)と主張している。

したがって初期社会主義の運動は、治安警察法に代表されるようなきびしい弾圧政策がとられなければ、相当広範囲に支持される要素をもっていたのであって、げんに他の多くの宗教家、学者がこの時期に人道主義の立場から、さかんに社会的発言を行っている。

キリスト者内村鑑三は、かつて日清戦争を正義の戦争として支持する発言を行ったが、ひとたびその誤ちに気づくや、藩閥政府にたいする猛烈な攻撃を開始した。「今や区々の改革を唱うるも要なし。社会の病源は薩長政府そのものにあり、革新これに及ばずんば、枝葉の改革は徒労たるのみ」と述べている(「社会の病源」)。かれは社会主義そのものには終始批判的であったが、それにもかかわらず、この時期には『万朝報』に籍をおいて、社会主義者たちとともに社会批判の論陣をはっていたし、一九〇一(明治三四)年には「理想団」を結成して、その中心的役割を演じた。

また姉崎正治(嘲風)、桑木厳翼《げんよく》らの哲学者、宗教家たちは、一八九七(明治三〇)年に「丁酉《ていゆう》懇話会」を結成し、やがて国家主義的風潮に抗して個人の自覚をうながす倫理運動にのりだしている。会員のひとり岸本能武太《のぶた》は従来の上下的、垂直的差別道徳にかわって、これからの社会では左右的、水平的な共通道徳が要求されていることを明らかにし、社会主義についても「向上的平等」すなわち「皆なが上の方で一致したる平等な社会」が実現されなければならないと主張していた（「人としての道徳」）。

デモクラシー思想の芽生え

このように、当時の心ある人びとがそれぞれの立場から、いっせいに社会的発言をつよめている渦中に、河上はいきなり飛びこんでしまったといってよいかもしれない。それは、山口にいてはとうてい考えられないような、はげしい時代の流れであった。河上は当時のことをつぎのように回想している。

さて東京へ出てみると、これまで五年間もいた山口のような片田舎《かたいなか》の小都会と違って、演説会というものが盛んに行われていた。ようやく東京の空気になじむようになった私は、その演説会にすくなからぬ興味をおぼえだした。……明治三十年代には、日々の新聞に『今日の演説』というような欄があった。私はそれによって会場と時間を確かめながら、よくそうした演説会に出かけたものだ。木下尚江、内村鑑三、島田三郎、田口卯吉、田中正造、安部磯雄、西川光次郎、石川安次郎、河上清、幸徳伝次郎。当時私が演壇の上にその風姿を見ることを得た人々の中には、こうした名前が今なお私の記憶に残っている。

私がもっとも心を惹かれたのは、木下尚江氏と内村鑑三氏との演説であった。それは私の思想の上に、大学教授の講義よりもはるかに強い影響を及ぼした。デモクラシー、社会主義、キリスト教、そうしたものに関する私の関心は、まったくそこから生まれたように思われる。

（「大死一番」）

河上がここで名まえをあげている人びとは、いずれも当時の錚々《そうそう》たるメンバーである。なかでも河上が、とくに木下と内村の名をあげているのが注目される。内村はさきにも触れたように、ちょうどこの時期、一八九六年から一九〇三年にかけて、もっとも社会的発言をつよめていた。木下はキリスト教社会主義者を代表する存在として、幸徳秋水などとともに運動をリードしていた。たとえば木下はつぎのような主張を述べている。

世に「共産主義」なるものあり、今人これを忌《い》むこと蛇蝎《だかつ》もただならず、しかれども吾人をもってこれを見る、「神人」の異号ある耶蘇《イエス》なるものはこれあに共産主義の大伝道師にあらずや、新約聖書はこれあに共産主義の憲法にあらずや、……耶蘇が示せる「愛」の精神と「犠牲」の実行とをもってせば、共産主義はすなわち明々白々にして平々凡々の常理にあらずや。

（「教育と生活問題」）

木下はこのような信念に立って、世の不正不義を徹底的に糾弾し、それは国体や政体、忠君愛国論や軍政主義にまで及んでいた。おそらく当時のもっともラジカルな民主主義者であったろう。内村や木下を内部からはげしく突き動かしていた理想主義、正義感といったものが、二〇歳の青年河上に強烈な影響を与えたにちがいない。河上は晩年につぎのように回想している。

私は（木下）氏の口から、今までかつて聞いたこともないような強烈な調子の演説を聞いた。私が今でもなおはっきりと記憶しているのは、その天皇神権論にたいする攻撃の露骨さであった。山口の片田舎で育った私は、――山口はいわゆる藩閥の根源地であり、そんな話は私語にすら聞いたことはなかったので――こんな演説を聞かされて驚いた。というよりも、たくさんに集っている聴衆がこれに共鳴してさかんな拍手を送るのに、ひどく驚いた。山口などであったならば、弁士は袋叩きにされただろうにと思われたからである。おかげで私の眼界は開けた。おそらくこの時から私の心にデモクラシーの思想が芽生えそめたであろう。(「木下尚江翁」)

バイブルとの出会い

河上は木下や内村の感化を受けて、はじめて『バイブル』を手にするようになった。かれはそのときのことをつぎのように記している。

私はバイブルを読んで非常に強い刺激を受けた。それは論語や孟子などを読んで得たのとはまったく品質の違ったもので、これまでいかなる書物からも私のかつて得なかったところのものである。(「大死一番」)

『バイブル』のなかで河上がもっとも強烈な印象を受けたのは、「マタイ伝」にある例の「人もし汝の右の頬《ほほ》を打たば」である。かれはそれを「絶対的非利己主義の至上命令」として受けとめた。かれはそのことをつぎのように述べている。

私の良心はそれに向かって無条件的に頭を下げた。今考えてみると不思議のようだが、なぜというような理由の反省も少しもなしに、私はただ心の中で「そうだそうだ」とさけんだ。そうした絶対的な非利己的態度こそが、まことに人間の行動の理想でなければならぬと思われた。そして自分の心の奥には、文字どおりその理想に従って自分の行動を律してゆくようにという、強い要求のあることが感じられた。（同上）

青年河上肇のなかに眠っていた理想への情熱が、このとき呼びさまされたのである。かれが山口時代に読んできた『論語』や『孟子』にも、そうしたことが説かれていないわけではない。「身を殺して仁をなす」（『論語』衛霊公）とか「生をすてて義をとる」（『孟子』告子篇）は、当時幸徳秋水がさかんに唱えていたものである。そして河上が私淑《ししゅく》した吉田松陰を根底から支えていたのも、まさにこの志士仁人《ししじんじん》の意識ではなかったろうか。しかし儒教的な志士仁人意識はともすると、河上の場合がそうであったように、政治的功名心の方にそれてしまう。河上は「功名手に唾して成すべし」と考えて法科をえらんだのであった。だからかれは、『バイブル』を読んだとき『論語』や『孟子』とは「まったく品質のちがったもの」をそこに感じとったのである。

しかし河上本人がそのように書いているからといって、河上が「絶対的非利己主義」をこのときはじめて、『バイブル』によって自覚したのだと解釈すれば、それはあまりに単純化してしまうことになる。かれは東京にきてからも、何回も世田谷にある松陰神社に参詣しており、松陰は引きつづきかれのなかで生きている。松陰によって代表される志士的な使命感が河上のなかに土壌として用意されていたからこそ、いま東京の新しい思想潮流のなかで、『バイブル』との出会いを通じて、理想主義的情熱が燃えあがったのだと考える方が自然である。

ところで絶対的非利己主義といっても、それを実行するとなれば、なまやさしいことではない。かれはこのことに悩まなければならなかった。そこからかれの「こころの歴史」が始まったのだと、かれは記している。

かくして私の心には、はじめて人生にたいする疑惑が、――私は自分の生活をどう律していけばよいのかという疑惑が、――植えつけられた。私の心の煩悶はそこから始まる。それは私のこころの歴史の始まりだといってもよい。（「大死一番」）

この文章は、のちに（第六、七章で）くわしく論ずるように、宗教問題が河上のなかで主要な関心事となった、特殊な状況のもとで書かれたものなので、これをそのまま額面どおりに受けとるのは危険なのだが、少なくとも河上の心のなかで、こうした新しい動きがはじまっていたのは確かであろう。

足尾鉱毒問題

このように河上が人生問題に開眼しはじめたとき、かれの心をゆさぶるような大事件がおこった。足尾鉱毒問題である。まず鉱毒問題の経過から説明しておこう。

足尾銅山の全景　1895年ごろのもの。1877年に古河市兵衛の所有となってから、めざましく発展した。

足尾鉱毒問題はすでに一八九一年（明治二四）に、田中正造が帝国議会で取りあげている。栃木県の足尾銅山は幕末には廃山同様になっていたが、一八七七（明治一〇）年に古河市兵衛の所有となって以後、急速に生産量をふやし、それとともに鉱毒問題をひきおこすことになった。栃木県選出の国会議員田中正造は、第二回帝国議会で政府にその対策をせまり、それ以後一貫して、被災農民のために闘いつづけた。しかし問題がいっこうに解決されないまま、被害は広がるばかりであった。河上が上京してきた一八九七年九月には、被災地農民が三度目の上京を企て、操業停止を訴えるところまで事態は悪化していた。

そして一九〇〇（明治三三）年二月、第四回目の「決死の請願」のために上京してくる被災地農民を、政府は警察と軍隊の力で弾圧した。この弾圧事件を『毎日新聞』に報じた木下尚江の「鉱毒飛沫」は、冒頭につぎのように記している。

二月十三日、利根の河畔における足尾鉱毒被害民と憲兵警官との衝突を報道せんことは、余がこの旅行の主たる目的には非ざりしなり。はからざりき余が重きを置かざりしこの出来事は、今やかえって案外なる大疑獄を惹起《じゃっき》せんとは。／直接に中央政府にむかいて請願せんと企てたるかれら二千五百の鉱毒被害民は、憲兵警官のために解散せられたり。しかしてこれと同時にかれら人民は「兇徒嘯聚《しゅうしゅう》罪」の告発を受けたり。／十五日、栃木県足利郡久野村の村長稲村与一、室田忠七、設楽常八、群馬県邑楽《おうら》郡渡良瀬村の村長谷富三郎、多々良村の亀井明次、西谷田村の荒井嘉衛等はおのおの自宅より拘引されたり。／十六日前橋地方裁判所の嘱託を受けたる各地管轄の区裁判所判事はめぼしき村民の家宅につきて証拠物件の捜索をとげぬ。しかしてそのかりそめにも鉱毒事件に関するものは信書と印刷物とその新と旧とを問わずことごとくこれを押収しされり。多くの拘引状はなお警官の手に握られてあり。いつ、だれが捕縛しさられんも知るべからず。鉱毒被害地をあげて人心きわめて不安なり。

田中正造はおりから開会中の議会でこの問題を取りあげ、「院議を無視し、被害民を毒殺し、その請願者を撲殺する儀につき質問書」以下の質問書を提出してはげしく迫ったが、政府は「質問の旨趣、その要領をえず、よって答弁せず」と黙殺した。田中はこれに抗議してただちに憲政本党を離脱し、翌年には議員も辞職、ついに天皇への直訴という非常手段に訴えたのであった。

こうした一連の動きのさなか、一九〇一(明治三四)年四月に、河上は田中正造の「赤誠を吐露」した演説を聞いた。かれはそのときに受けた感銘を「花時所感」と題して、郷里の『防長新聞』に書きおくっている。

半白の老人が食を忘れて怒号しておるのに、やれ恋であるの鮒《ふな》であるなどと馬鹿を並べていては生きてる甲斐《かい》がないではないか、学問している甲斐がないではないか。吉田松陰以下の志士を出した防長の山川であるから、まさか皆が皆、骨なしでもあるまい、お互いに一つ奮発しようではないか。……諸君はどういう人間が好きであるか、一国の政治家としては、自己の利欲のため官金を私し諸君の利益を犠牲にする人が好きであるか。……己れのために諸君を犠牲にする奴が好きであって、諸君のために死んでくれる人が嫌いであるか。もし諸君のために死んでくれる人が好きであるならば、諸君もまた人のために死ななくてはならん。

絶対的非利己主義の生き方

ここで河上は、数年まえの山口における自分の生き方もダブらせながら、そのなまぬるい生き方に反省をせまり、松陰の生き方を田中正造につなげて、「絶対的非利己主義」の生き方こそが、いま自分たちに求められていることを、つよく訴えている。これが上京して三年目に到達した河上の結論であった。

特志の大学生

この年（明治三四年）一〇月二三日、田中正造は議員を辞職し、一二月一〇日、第一六回帝国議会の開院式から帰る天皇を待ちうけて、直訴におよんだ。田中のこのときの直訴状は幸徳秋水の起草になるといわれ、つぎのように書きおこされていた。原文のまま引いておこう。

草莽《そうもう》ノ微臣《びしん》田中正造《たなかしょうぞう》 誠恐 誠惶《せいきょうせいこう》謹《つつし》ミテ奏《そう》ス 伏《ふ》シテ惟《おもん》ミルニ臣田間《しんでんかん》ノ匹夫《ひっぷ》敢《あえ》テ規《のり》ヲ踰《こ》エ法《ほう》ヲ犯《おか》シテ鳳駕《ほうが》ニ近前《きんぜん》スル其罪実《そのつみじつ》ニ万死《ばんし》ニ当《あた》レリ 而《しか》モ甘《あまん》シテ之《これ》ヲ為《な》ス所以《ゆえん》ノモノハ洵《まこと》ニ国家生民《こっかせいみん》ノ為《た》メニ図《はか》リテ一片《いっぺん》ノ耿耿《こうこう》竟《つい》ニ忍《しの》フ能《あた》ハサルモノアレハナリ……

田中正造（1841—1913）　写真は1910年、県の官吏に地図を書いて説明する田中正造。この時69歳であった。

政府は一〇年間にわたる田中の悲痛な訴えに耳を貸さなかったばかりでなく、この直訴についても、「狂人」の所業ということで無罪放免し、訴えそのものを闇にほうむってしまった。

田中正造の直訴事件は、政府には握りつぶされたが、社会的には大きな反響をよび、鉱毒問題は新聞紙上に大々的に報道されるようになり、救援活動もにわかに活発化した。一二月二七日には早稲田専門学校生徒二八五名、東京帝大生九八名など、総勢一千余名が客車五両を借切って現地視察に向かうまでに盛りあがっている。

一二月二〇日に鉱毒地救済婦人会主催の演説会が本郷中央会堂で開かれたのも、こうした一連の動きのなかであった。河上はつぎつぎと登壇する弁士の演説を聞いているうちに、イエスの「なんじに請う者にあたえ、借らんとする者を拒むな」という声を聞いたように感じたという。かれはためらうことなく即座に、「差しあたり必要なもの以外はいっさい残らず寄付しよう」と決心した。演説会がおわるとすぐ、身につけていた二重外套《がいとう》と羽織とえり巻を脱いで寄付し、さらに下宿にもどると、衣類を残らず行李《こうり》につめて、翌朝事務所まで送りとどけたという。それは「特志の大学生」という見出しで『毎日新聞』にも報じられた。

こうした河上の行動はいささか常軌を逸しているようにもみえる。衣類を受けとった主催者側は、かれを「精神病者」ではないかと疑い、わざわざ身許をたしかめたというし、事実を知らされた母田鶴《たず》は、せっかく丹精こめて作った羽織まで寄付してしまった河上に叱責の手紙をよこしている。河上自身も晩年に、このときの振舞いを「気違いじみた沙汰《さた》」であったと回想しているほどである。このように極端な形をとるのは、いわば河上の性格からくるもので、そのことだけをとってみれば、「奇行」ということにもなるのであるが、しかしその底には、すでにみてきたような、絶対的非利己主義に生きようとする強烈な情熱があったことをみないわけにはいかない。

二　「無我苑」事件まで

結婚　一九〇一（明治三四）年暮の寄付事件の翌年、七月に大学を卒業した河上は、まもなく同郷の大塚秀と結婚した。結婚のいきさつについては、「偶然の奇縁より妻の兄の媒介によりて成立せしもの」（「社会主義評論擱筆の辞」）というほか、河上は何も語っていないので、くわしいことはわからないが、秀夫人の弟大塚有章の書いた『未完の旅路』によれば、大塚家は河上と同郷の二五石取りの下級士族であり、維新以後は元藩主吉川家の家令をやっていたというから、河上家とも親しい関係にあったのであろう。おそらく結婚前に何度かは姿をみかける機会もあったのではなかろうか。河上は「余が妻は余が大学卒業前いまだほとんど一面の識なき当時より、余が理想の妻として日夜恋い慕いたる女」であったと記している（同上）。

ところで、河上の義弟として河上と親しい関係にあった大塚有章は、はじめ銀行員をしていたが、河上に思想的に影響を受けて無産運動に入り、河上より少し早く共産党に入党している。『未完の旅路』（三一新書）はかれの自伝的記録であるが、河上や河上の次女芳子とも近いところにいたので、河上理解にも参考になるところが多い。

河上は秀夫人についてつぎのように述べている。

家内は不思議なほど私と対蹠的な性質を備えており、それはきわめて末梢的な所にまで及んでいる。たとえば、食後番茶を飲むにしても、私は濃くて熱いのが好きである。ところが、見ていると、私に適度の茶であったならば、家内は必ずこれを湯でうすめたうえ、さらに冷水を割る。私は物に熱狂しやすく、感情的だが、家内は物にのぼせるということはなく、がいして理智的である。私はきわめて勘のわるい人間だが、家内は人並み以上に勘が早い。私はまたすこぶる冒険的で楽観的な男だが、家内はきわめて用心深い、いつも最悪の場合を考えて、それにたいする心構えをしている。(「生計下手の私」)

秀夫人のこと

これでみると、河上と秀夫人の性格はまったくかけ離れている。夫婦の性格が似ている方がよいか、補いあう方がよいか、いちがいにはいえないが、河上のばあいは明らかに後者に属する。そして河上も自認しているように、わがままで世間知らずのかれが、すぐれた思想家としての生涯をまっとうすることができた背後には、この秀夫人のなみなみならぬ「内助の功」があったのではあるまいか。河上は「一家の会計は全部家内まかせ」、月々の収入も貯蓄の増減も「過去四十年のあいだ、まったく何も知らずに過ごしてきた」と書いている。この文章には多少の誇張もあろうし、秀夫人への感謝の気持ちがこめられているようにも思うが、それにしても、相当に世話のやける「亭主」であったことは想像できる。河上の長女羽村シズ子のつぎの文章も、それを裏づけている。

父の実生活への無関心さはまったく徹底していたようで、すべて母まかせで、自分の仕事の邪魔にさえならなければいっさい文句はない、という態度だったようでございます。ただ、若いころは相当癇癪もつよく、一度こうだと言いだしたら無理とわかりきったことでも我を張るというようなところがあり、そういう点、家庭では暴君ではなかったが、相当だだっ子だったようでございます。それだけにまた、まことに他愛ないところがあって、母にしてみれば扱いにくいという人ではなかったようでございます。（『回想の河上肇』所収「父のこと」）

しかし秀夫人の協力はそうした日常のこまごましたことだけにあったのではない。のちに、やがて河上が「地下生活」に入り検挙・投獄されるという困難な事態のなかでも、夫人はみごとに留守をあずかっているし、なによりも印象に残るのは、河上が獄中で動揺したとき、河上の性格をよく呑《の》みこんでいた秀夫人が、じつに情理をつくした助言をしている事実である。たとえば一九三四（昭和九）年一二月一五日、河上が仮釈放をえさに転向をすすめられたとき、秀夫人は「平気で無期の宣告を受けて網走などへ送られてる方もあるんですもの」と励ましている（「満期服役の覚悟を決めた後の心境の変化」）。もう一つの例をあげると、一九三五年四月二四日、釈放をあ

秀夫人

せる河上にたいして、「今急いで出てこられたかて、何一つ自由な意見の発表ができるではなし、さいわい御健康に故障がないんだから、まあじっと落ちついていらっしゃるのがいちばん得策だろう」と慰めている(「服役に対する妻の杞憂」)。

秀夫人は河上の「一本調子の僻《くせ》」をよく承知しており、いったんこうと決めると、どこまでも突走る危険のあることをよく見抜いていた。夫人はそうした河上の性格を承知のうえで、河上の気持ちを十分尊重しながら、言うべきことを言っているし、わがままな河上も夫人の言葉には素直に耳を傾けている。このような夫婦の関係というものは、なかなか得がたいのではあるまいか。

少し先走ったことを書いてしまったが、このような秀夫人の協力なしには、これ以後の河上の活動も考えられない。このあと夫人のことに触れる機会はあまりないので、このことを特に強調しておきたい。

家庭の一時解散

大塚秀と結婚した河上は、同時に生活問題も解決しなければならなかった。当時、大学に残って教授のポストを保障されたのは「恩賜の銀時計組」にかぎられており、河上はそれにはほど遠かったので、卒業前から新聞社への就職の口をさがしていた。かれは万朝報社の黒岩涙香《るいこう》に手紙を出し、徳富蘇峰の国民新聞社を訪ね、また木下尚江を訪ねて毎日新聞社への入社を依頼している。しかしいずれも不調におわった。毎日新聞社については、木下の同意はえられたが主筆島田三郎に「体《てい》よく断わられた」とかれは書いている（「社会主義評論擱筆の辞」）。しかし木下によれば、河上の方に日銀の理事をしていた伯父の反対があって、新聞記者志願を取止めたように書かれている（『自叙伝』五「木下尚江翁」）。この点、両者の理解にくい違いがあり、河上の方に思いちがいがあるように思われるが、いずれにしろ思うようにいかなかった。また穂積陳重教授の推挙で三井銀行への入社がきまりかけたが、これまたこわれてしまった。そうこうしているうちに、折よく東大農科大学の実科講師の口がみつかり、一九〇三（明治三六）年一月から勤務することになって、ようやく「多少の安心」を得ることができたのであった。

このあと河上は、かれの表現によれば「数年のあいだ、世間並みの生活をつづけた」ことになる。ということは、「無我苑」事件を引きおこすまでの数年間ということなのであるが、しかしそれはけっして、かれがいうほど「世間並み」ではない。農科大学で経済学を担当することになった河上は、「経済学において先人未発の一大真理を発明し、もって不朽の名を書冊に留めざるべからず」と決意し、「刻苦精励日夜を分かた」なかったという。こうした打込み方もいかにも河上らしいが、しかしそれは初めて研究者として自立した一種の気負いとして理解できる。河上のばあい、そこにつぎつぎと新しい事情が加わった。

河上が大学を卒業して所帯をかまえたということで、郷里からは弟が、そして二人の伯父からはそれぞれ甥《おい》と姪《めい》が、河上に預けられて同居することになった。結婚の翌年には長男政男も生まれた。これは新婚生活をスタートしたばかりの河上にとって、けっしてなまやさしい負担ではなかった。経済的負担を解消するために、かれは農科大学のほかに、学習院、専修学校（専修大学の前身）などの講師を兼任するようになったが、それは河上の精神的、肉体的負担を増大させた。

しかも当時の河上は、一流の経済学者として立つために、海外留学を切望しており、そのためには博士の学位を一日も早く取る必要があると焦っていた。こうして「夜間をおもな勉強時間に充て」る変則生活がしばらくつづいたが、一九〇五（明治三八）年九月、かれはついに「しばらく家庭を解散」するという非常手段をとることにし、妻子を郷里の両親に預けて、単身下宿生活に入った。

こうして、「世間並み」というよりはむしろ異常な条件のもとで、『経済学上之根本観念』以下の著作をつぎつぎと刊行し、『読売新聞』に「社会主義評論」を連載しはじめたのであった。のちにのべる「無我苑」事件はこのように心理的に追いつめられた状況のもとでとられた河上的「解決」手段であったといえるかもしれない。

経世家的な資質

この「無我苑」事件の性格を正しく把握するために、それ以前のかれの考え方を、著作によって確かめておこう。

かれの最初の著作は、大学を卒業して二年半後の一九〇五年一月に自費出版された『経済学上之根本観念』である。それは「経済学」を「国民経済学」、なかんずく「国民経済政策学」として捉えようとしたもので、河上の経済学への関心が、その出発点から、やがて『貧乏物語』につながるような、いちじるしい社会性を示していたことが注目される。

つぎに刊行されたのは、同年六月のセリグマンの『歴史之経済的説明・新史観』（翻訳）である。これはマルクスの唯物史観を解説したもので、河上はこの唯物史観を自分のものとするために、これ以後の二〇年余を費やすことになるのであるが、河上がいちはやくこの翻訳を手がけたことは、学生時代に木下らから受けた思想的影響がかれのなかに生きつづけていたことを示している。

なお河上はこの書物について、「これはおそらく、日本で刊行された最初の文献であろうと思う」と記しているが、じつはその前の年、一九〇四年八月、丁酉《ていゆう》倫理会の機関誌『倫理講演集』に、千葉鑛蔵が「経済上解釈」と題して紹介しており、そこにはマルクスの略伝も添えられていた。またこの年一一月には幸徳秋水、堺利彦によって『共産党宣言』が訳出されており（発禁になったが）、このころようやくマルクスの理論が日本にも紹介されはじめたことを示している。

一九〇五年九月には『経済学原論』上巻も刊行されているが、河上の考え方を知るうえで重要なのは、そのあと一一月に刊行された『日本尊農論』であろう。それは「農工商は鼎《かなえ》の足」「農工商の三者をしてよくその鼎立《ていりつ》の勢いを保たしむる」という観点から、「尊農論」、農業保護政策を展開したものである。そこには岩国学校時代の「日本工業論」につながる経世家的姿勢がつよく押しだされている。「自序」には「明治三十七年五月二十五日」と記されているから、日露戦争のさなかに書かれており、「国家の興亡」とか「国威の発揚」とか、河上の愛国者ぶりが率直に示されている。河上のこの愛国者的性格はじつに一貫したもので、これ以後かれがマルクス主義者に成長していくばあいにも、非常に重要な契機となっている。

「社会主義評論」

「社会主義評論」は一九〇五年一〇月一日から千山万水楼主人の筆名で『読売新聞』に連載されたものである。「余不治の病いを得て西欧より帰朝し、房総の間に客たることここに二年」という書出しで、かれは念のいった韜晦《とうかい》の方法をとっていた。かれはのちに単行本として刊行するさいの「例言」で、それが「我利のため」であったと説明している。「できることなら文部省の留学生にもなろう、大学教授にもなろう、博士にもなろうというためには、社会主義に同情したり、政府の政策を非難したり、先輩の悪口をいったりするのが、不得策であるくらいのことは、僕も知っていたのです」ということなのであるが、しかしこれはそのまま額面どおりに受けとるわけにはいかない。この「例言」は「社会主義評論」の連載を打切って、「無我愛」運動に飛びこんでいったばかりの時期に書かれたために、「無我」にたいするものとして「我利」の面が強調されているのであって、もしそれだけのことであれば、かれにはもっと穏やかな書き方もあったのだし、「評論」の筆をとらないことだって可能だったからである。かれはけっして「利己主義」のとりこになっていたわけではない。

　では本名をかくしてまで「評論」を書かずにはいられなかった真の動機は何であったのだろうか。それこそあの、学生時代にめざめさせられた社会的正義感ではなかったろうか。当時の社会主義の運動は、河上が上京してきたころとは様子がかわって、きびしい弾圧、取締りのまえに壊滅の危機に瀕《ひん》していた。幸徳秋水らが日露開戦に反対して反戦平和の闘いを展開した『平民新聞』は、この年一月に「刀折れ矢尽きて」廃刊を余儀なくされているし、幸徳自身も健康を害した体で下獄している。この獄中で幸徳は無政府主義者に転化していくのであるが、この時期になると、社会主義者の内部に思想的、感情的対立も生まれて、「平民社」も一〇月八日には解散に追いこまれている。河上はこうした社会主義運動の解体を坐視するにしのびなかったのではあるまいか。「第一信」のつぎの文章は、河上のこのような意気ごみを感じさせる。

平民社とそのスタッフ

　それ社会主義の本質たる、もと経済上の一主義たり。しかもその関連する所、政治、宗教、倫理、道徳、その他社会各般の事項に及ぶ。したがってこれが完全なる批評は、これら社会各般の諸学に精通するの士を待って始めて聞くをうべし。むべなり、本邦社会主義に関する著述の多く見るに足るなく、その社会主義者の手に成れるものは、がいして偏狭独断の弊に陥り、その然らざる者の手に成れるは、さらに情熱誠意に乏しきの短を加うるや。余もまたもとよりこれが任に耐えずといえども、ねがわくは少しくこれに力を致さんか。

かれがこの第一信を書いたのは、妻子をあずけて下宿に居をうつす前夜であった。「家庭を解散」してまで「刻苦精励」しようとする河上の態度は、かならずしもほめられたものではないが、かれが尋常ならぬ決意のもとに「社会主義評論」の筆をおこしたことは十分想像できる。

物心二界の改善

では河上はどのような議論をそこで展開したのであろうか。「社会主義評論」は序言（第一～四信）近世社会主義の起因（第五～一二信）社会主義の主張（第一三～一七信）三大主張の起因及び批評（第一八～二一信）余が観たる現社会及び社会主義（第二二～三一信）理想としての社会主義（第三二～三五信）擱筆の辞（第三六信）から成っている。まず「序言」では、東大の金井延《のぶる》、京大の田島錦治、両権威を名指しでまっこうから批判し、読者に期待をもたせている。しかし本論の内容そのものは、その大がかりな構えにもかかわらず、理論的にそれほど水準の高いものではない。ただそのさい注目されるのは、当時の日本の社会主義について、幸徳らが極端な唯物論に偏し、これに反発するキリスト者が極端な唯心論に陥っていることを指摘して、「物心二界の改善あいまって、はじめて、人生の燮理《しょうり》（やわらげおさまる）あらん」という見解を示していることである。この「物心二界」の関係をどのようにとらえるかは、このあと河上を生涯悩ませつづける問題なのであって、それがここにすでに現れていたといえる。

「社会主義評論」執筆の頃の河上肇

ところで社会主義について河上の評価を述べた「余が観たる現社会及び社会主義」でのかれの結論は、けっきょくのところ、社会主義者の主張は採用すべきでなく、「慈善主義の拡張」その他の方策が好ましいと述べるにとどまっているのであるが、それではどのようにして慈善事業を拡張するのかという問題が出てくる。これについて河上は「個人心意の改良あって社会組織の改良行わるべきか、社会組織の改良あって個人心意の改良行わるべきか、これ軽々に論断すべからざる一大問題にして、その論断は余の後信を期する所」というだけで、解答を出していない。さきの「物心二界の改善」といい、この問題といい、河上はまだ解決できないでいる。ただ、幸徳らに代表される社会主義（唯物論派）に賛成できないということだけがはっきりしていたのである。

このあと河上は、さいごに「理想としての社会主義」で理想としての社会主義を「純無我純他愛の人心の理想郷」として讃美し、つぎのように述べている。

足下、社会主義がはたして実行されうべきやいなや、ことに社会主義者の主張せる手段によりて実現さるべきやいなや、まず今日の人性を一変することなくして社会主義に到達しうべきか、はたまた人性は社会主義の到来を待ちて後一変さるべきものなるやいなや、これ問題なり、大問題なり。余は機会をみてこれが詳論をなさん。しかれども足下、もし社会主義にして実現されたりとせば、その社会はじつに整頓せる社会なり、合理の社会なり、美しき社会なり、うるわしき社会なり、うれしき社会なり、心地よき社会なり。余はこれを余が脳裡に想像するごとに、転々無上の歓喜悦楽に酔うを禁ずるあたわず。（第三二信）

これは問題の解決とはいえない。日清戦争直後に、キリスト者を中心に始められた社会主義の運動が、当時ようやくその実現方法をめぐって、キリスト教派と唯物論派に分離し、実践的には、社会組織の改良なしには社会主義の実現が不可能であることが明確になりつつあった段階だけに、河上のこの結論はかえって数年前の水準に逆戻りしたことにもなる。「無我苑」事件はこうした理論的模索状態におこったのであった。

「社会主義評論」を好評のうちに第三五信まで連載してきた河上は、一二月八日、突然「擱筆《かくひつ》の辞」を発表し、これまでの議論はすべて「一場の囈語《たわごと》」にすぎなかったから、筆を擱《お》くと宣言し、いっさいの教職もしりぞいて「無我愛」の実践運動に飛びこんだのであった。

千山万水楼主人を名のってきた筆者が、わずか二六歳の無名の青年にすぎなかったうえ、その筆者が突然無暴とも思えるやり方で評論を打切ったのであるから、読者が啞然《あぜん》とするのも無理はなかった。いかにも河上らしいといえば河上らしいのだが、しかし河上にしてもつねにこのような振舞いをするわけではないから、そこになんらかの事情が働いていたと考えないわけにはいかない。そのことを少し考えてみよう。

「無我苑」事件

「無我愛」運動というのは、浄土真宗の僧侶伊藤証信が、この年、巣鴨の大日堂――三〇数年ものちのことだが、私が西巣鴨第一小学校に通っていたころ、学校のすぐ道をへだてた隣りに「大日堂の原っぱ」と呼ばれている野原があった。その小高い丘のうえに、そのころはだれが住んでいたのか、ひっそりした粗末な木造の家があったことを思いだす――に「無我苑」を開いて、宇宙の本性は「無我愛」にあるという他力主義を唱えた宗教運動である。河上はこの運動に「絶対的非利己主義」の真理をみとめ、家庭も生活もすべてを投げうって、飛びこんでいった。

河上はこの運動を、わずか二ヵ月後には「天下の邪説」ときめつけて、絶縁してしまうのであるが、一時的にもしろ、河上にここまで思いつめさせたものは何だったのであろうか。のちにくわしく論ずるが、晩年の河上が『自叙伝』などのなかでたびたびこの事件に言及し、このときの「絶対的非利己主義」の自覚を、かれの「求道」生活の出発点であったかのように述べているために、話が複雑になってしまうのであるが、その点をもう少し見きわめておく必要がある。

単なる「奇行」か

すでに述べてきたように、河上は一九〇五年九月三〇日に一家を解散し、下宿に移って「社会主義評論」の執筆にとりかかった。結婚してまだ三年、二六歳の青年にとっては、それだけでも相当に思いきった処置である。しかも二人の伯父からあずけられた甥姪も放りだしてしまったのだから、評判もわるかった。「急に一家を解散し△△（甥姪か——山田）をして居所なきに苦しましめたる一事は、余が□□（伯父であろう。以下も同じ）の感情を害し、余波ついに余は某地の□□と某地の□□とよりして絶交の命を受くるにいたりたり」とかれは書いている。一家を解散して独りになったら勉強に打ちこめるかと思っていた河上の目算は完全にはずれてしまった。悶々の日を送ることが多くなり、「この苦痛のために、閑あってしかも学に専なるあたわ」ぬ状況に追いこまれていった。

河上が伊藤証信の「無我愛」の主張にめぐりあったのは、かれがこうした心理状態に追いこまれていたときであった。河上が伊藤への手紙のなかで尋ねている点は二つある。一つは「社会組織の工夫」と「無我愛」の関係、もう一つは家族の生計をうるための職業と無我愛の「伝道」生活との関係である。かれは「社会主義評論」で理論上解決できなかった物心二界の統一の問題と同時に、家族と離れて追いつめられていた生活上の問題をも、いっきょに「無我愛」運動に飛びこむことで解決しようとしたのではあるまいか。

このときの河上は、今日でいうノイローゼ状態にあったと私は考えている。一二月二日に伊藤証信から返事をもらった河上は、まるで暗示にかけられたように、四日に大日堂を訪ねて「一身を伝道の一事に献ずべき」決意をかため、五日にはすべての職を辞し、七日に「社会主義評論」擱筆の辞を書いたのである。そして九日の夜、かれが晩年にたびたび言及する一種の宗教的興奮を体験したのであった。

この時須臾《しゅゆ》にして余が頭脳はじつに形容すべからざる明快さをおぼえ、透明なること玻璃《はり》（水晶）のごとくなるを感じたり。よりて筆を執《と》りつつ、座にありし石野君を顧みて、今夜は神我をしてものを書かしめたもうがごとく感ずる旨を述べたり。……書していまだ写しおわらざるうち、急に余は何か物に頭脳を襲撃せられたるごとく感じ、筆を投じて苦悶するにいたれり。（「無我愛運動に投ぜし前後」）

このときの体験を、のちになって河上は「大死一番」のなかで、「それは禅家にいうところの大死一番なるものに相当する。私は小我を滅却することによって物心の対立を超越し、心を心で見ることができたのだ」と説明し、それを「宗教的真理を把握した瞬間だ」ととらえているために、この無我苑事件がたいへんむずかしい意味をもたされてしまうのであるが、しかしそれはノイローゼ状態における一種の異常行動だったように思われる。

それでは「奇行」にすぎなかったのかということになれば、河上が自己の生きる針路を、「社会組織の工夫」に求めるか「無我愛」の実践に求めるかの岐路に立たされて、真剣に悩んでいた事実は動かしがたい。「社会主義評論」を打ちきり、それを「一場の囈語《たわごと》」として否定して、まことに劇的に「無我愛」運動に身を投じたために、社会主義と無我愛が相対立するものであるかのような印象を受けてしまうのであるが、「社会組織の改良」がさきか、「個人心意の改良」がさきかの問題は、もともと当時の社会主義運動のなかに未解決の問題として存在していたのであって、河上が「無我愛」運動を一時的にえらんだからといって、それはけっして社会主義の反対物をえらんだことを意味しない。「社会主義の理想」はなお強烈にかれのなかに生きており、それをいかに実現するかの問題は、かれの根本課題として残されていたのである。

なお河上はこの事件に関連して夏目漱石のおもしろい手紙を『自叙伝』のなかで引用している。

「拝啓。……小生例のごとく毎日を消光、人間はみな姑息《こそく》手段で毎日を送っている。これを思うと、河上肇などという人は、感心なものだ。あのくらいな決心がなくては豪傑とはいわれない。人はあれを精神病というが、精神病ならその病気のところが感心だ。」(「私に対する批評の様々(その一)」)

第三章　経済学の研究

一、京大赴任前後

無我苑の退去

無我愛運動に身を投じた河上は、一九〇六（明治三九）年一月四日から『読売新聞』に「人生の帰趣」を連載して、「無我愛の真理」の伝道をはじめた。しかし二月二七日にはふたたび「擱筆の辞」を発表して打ちきり、無我苑を退去した。直接のきっかけは、祖母や両親や妻子をはじめ、身近な人びとに迷惑をかけ悲嘆を与えてきた、己れの「不徳」に思いいたったことにあるが、より根本的には、無我苑に入って伊藤証信の主張と生活をくわしく知るようになって、「無我愛」についての錯覚に気づいたためであった。かれは五月二七日、『読売』紙上に、無我愛運動を「天下の邪説」と非難する意見を発表し、思想的にも絶縁する態度を明確にした。

退去後のかれは、ひとまず『読売』記者となり、やがて『日本経済新誌』を創刊するのであるが、一九〇八（明治四一）年八月には京都帝国大学法科大学講師に迎えられて、京都に移りすむことになった。これ以後、一九二八年に辞職するまで、二〇年にわたる京大での学究生活が始まることになる。

京都帝国大学

京大は第二番目の帝国大学として一八九七年に創立された。それ以前は東京帝国大学が唯一の帝国大学として、「国家の須要に応ずる学術技芸を教授し及びその蘊奥《うんおう》を攻究する」機関として君臨していた。京大創立については、時の文部大臣西園寺公望《きんもち》の尽力するところがあったといわれる。西園寺は若いころフランスに留学し、帰国後には中江兆民を主筆として反政府的な『東洋自由新聞』を創刊したりした、比較的リベラルな華族である。末川博によれば、西園寺は「自由な学問研究のためには政治の中心を離れた京都に大学を設けることがよいと考えたらしい」といわれる(『彼の歩んだ道』)。このため東大と京大とでは、おのずから学風の相違といったものが生まれていった。とくに法科は、東大が官僚、政治家など実用的人間を送りだしたのにたいし、京大は比較的自由な、学究的雰囲気をもっていたと末川は書いている。

ところで、末川博は大塚秀の妹と結婚しているから、河上とは義理の兄弟にあたる。一九一四年から一七年にかけて京大法科に在籍し、その後も滝川事件で辞職するまで法学教授として京大にいたから、河上のごく身近な、よき理解者である。かれの自伝的半生記『彼の歩んだ道』(岩波新書)は、河上の活躍した時代の雰囲気を知るうえで参考になるところが多い。

京大は人事面でも相当思いきった方針をとったらしく、文科で

西園寺公望

は一九〇七年に内藤湖南を、翌年には幸田露伴を採用している。露伴は電信修技学校という一年制の技術学校の学歴しかなかったし、湖南も師範学校を卒業しただけのジャーナリストであった。実力がいかに申し分なかったとしても、東大では考えられない人事であろう。この人事を推進した当時の文科大学長が「忘れられた思想家」安藤昌益を掘りおこした人物として有名な狩野亨吉《こうきち》である。東大の選科しか出ていない西田幾多郎が京大に招かれたのは一九一〇年である。京大の哲学科が西田を中心にすぐれた顔ぶれを揃え、やがて東大を圧して西田哲学の全盛期を迎えたことは周知のことである。

法科には、のちに京都市長となる井上密が法科大学長としており、他に「法学界の怪傑」といわれた岡松参太郎、家族制度を批判したために譴責《けんせき》処分を受けた岡村司、近代刑法学の基礎をきずいた勝本勘三郎らがいた。岡村司は一九一一年六月の岐阜県教育会総会で、当時の政府の家族主義的方針を批判して、「日本の民法には家が認めてあるが西洋にはない。家は人間の雨宿りでこんなものを法律で認むる必要はない。家族制度も不必要で西洋の個人主義で結構なり」と講演し、譴責処分を受けている(岡村司事件)。

経済関係には、「社会主義評論」で河上が名指しで非難した田島錦治、河上を京大に推輓《すいばん》したという戸田海市がおり、河上より二年おくれて河田嗣郎が赴任している。田島は社会政策学会の創立者のひとりであり、マルクスの経済学説などをいちはやく紹介した学者である。

京大奉職

河上がこの京都大学にどのような経緯で赴任することになったのか、河上は「それまで会ったこともなかった戸田海市博士の推輓《すいばん》により、京都帝国大学に奉職することになった」としか述べていないので、くわしい事情はわからない。戸田海市は東大法科大学政治科を卒業して京大に赴任し、商業経済学、工業経済学を担当した。社会政策の問題に強い関心をもち、「リアルセンスに富んだ人」（大内兵衛）といわれるから、そういう関心から河上を呼んだのかもしれない。また河上がかつて批判した田島錦治が先任教授としており、河上はやがてこの田島と経済原論の講義を隔年に担当することになるわけで、この両者の関係なども興味があるが、よくわからない。

ただ、河上が山口高校に在学当時の校長岡田良平が、このとき京大総長になっており、あるいはこの岡田あたりの口添えもあったのであろうか。河上は着任のとき岡田総長から「いつ教授にするかは約束できない」と言われ、かれは「一生講師でも差しつかえありません」と答えて、京大に職をえられたことを望外の喜びとしている。じっさいには一年後に助教授となり、一九一五年にはヨーロッパ留学から帰って教授となっているし、ここでも「刻苦精励」ぶりを発揮して、河上はたちまち人気教授となるのであるが、その出発時の事情はこのようなものであった。

河上が赴任した年の九月、櫛田《くしだ》民蔵《たみぞう》という学生が東京外語を卒業して京大法科に入学してきた。櫛田についてはのちに触れることになるが、河上とはわずか六歳しか違わない最初の教え子であり、やがてマルクス主義理解の点で河上に一歩先んじ、河上のよき批判者としての役割を演ずるようになる。

もう一つ有名なエピソードとして近衛文麿《このえふみまろ》の入学がある。近衛は五摂家《ごせっけ》筆頭の公家の御曹子《おんぞうし》であり、のちに三度内閣を担当する貴族政治家であるが、かれは一九一二年に一高を卒業すると京大法科にすすんだ。いったんは東大の哲学科に入学したのだが、井上哲次郎などの講義をきいて興味を失い、米田庄太郎や河上肇に惹《ひ》かれて京大に移ったというのであるから、河上ははやくも学生の人気を博しつつあったことになる。近衛は晩年に、河上との関係についてつぎのように記している。

当時の河上氏はすでにマルクスの研究をしていて、我々にマルクスが読めるようにならなければだめだと始終いっていたが、極端に左傾してはいなかったようだ。氏の宅を訪問すると、書斎に通され、火鉢をかこみきざみタバコを吹かしながら、もの静かな気持ちでいつまでも話相手になってくれた。この頃私は河上氏から二冊の本をもらった。一つはスパルゴーの『カール・マルクスの生涯と事業』であり、一つはイタリーのトリノ大学のロリア教授の『コンテンポラリー・ソシアル・プロブレムズ』(現代の社会問題)であった。後者についてはとくに「とてもおもしろい本で、やめることができず徹夜して読んだ」といって渡された。私もまた昂奮して、一気呵成《かせい》にそれを読みおわったことを今も記憶している。思うにその頃は、河上氏もマルクス主義の勉強時代であったろう。実際運動にはもちろん携《たずさ》わっていなかった。しかしとき

ど き「人はその志のためには国外に追放されるぐらいのことは始終覚悟していなくてはならぬ」などといっていた。(近衛文麿『清談録』)

河上も近衛のこの文章を『自叙伝』に引用しており、あえて否定も訂正もしていないから、近衛がここに述べているのは事実なのであろう。しかし近衛のこの文章は、河上が共産党員として検挙されたのちに書かれたものであり、そのためかマルクス主義者河上肇のイメージに引きつけて回想している嫌いがある。河上がすでに社会主義に関心をもち、マルクス主義関係の文献を読みはじめていたのは事実としても、近衛が河上の家に出入りしたのは一九一二〜三年のことであるから、まだ「マルクス主義の勉強時代」といえるほどの段階にはない。そのことは後にくわしく取りあげるが、少なくともこのエピソードは、河上が近衛という学生にとって、東大をやめてまで教えを受けたくなるような、魅力ある存在になっていたことを伝えてくれる。

河上はこうして、京大という格好の活動の場所を与えられ、順調な学究生活をスタートすることになった。

国家主義的性格

無我苑を退去してのち京大に赴任するまでの時期に、河上はどのような経済思想をいだいていたのであろうか。かれは『読売新聞』記者を一年ほどでやめて、一九〇七(明治四〇)年四月に個人誌『日本経済新誌』を発刊している。田口卯吉の『東京経済雑誌』が自由貿易論を唱えていたのに対抗して、保護貿易主義を鼓吹《こすい》するためである。その「発行の趣旨」はつぎのように述べている。

各国の論壇をみるに、事ひとたび経済問題に関するや、ややもすれば異論雑出して帰一するところなく、はなはだしきはすなわちなおその極端な個人主義、放任主義を奉じ、拱手無為《きょうしゅむい》の政治を理想とし、自由放任をもってこれ足れりとし、あるいは一部階級の利害に偏して、あえてわが国民経済の政策を左右せんと擬す。これわが今日の進運と相容るるものにあらず、ここをもって吾人あえて自らはじらず、ここに日本経済新誌を発行し、国家を本位に置き、もっていっさいの時事問題を解決し、いささか世論に稗益《ひえき》するところあらんと欲す。

ここに示された河上の主張は、かつての「日本工業論」や『日本尊農論』以来の、河上に一貫した経世家的志向の大胆な表明である。文字どおりに受けとれば、かれは「個人主義」「自由放任」を否定して「国家本位」の立場を表明したものととれる。吉田松陰に私淑した河上にはつねに国家社会が念頭にあり、その意味ではかれはたしかに「国家主義者」であり、熱烈な「愛国者」でもあった。しかし、だからといってそれを、国民不在のいわゆる国家主義と同一視することは許されない。河上はのちに『自叙伝』でつぎのように述べている。「私はマルクス主義者として立っていた当時でも、かつて日本国を忘れたり日本人を嫌ったりしたことはない。むしろ日本人全体の幸福、日本国家の隆盛を念とすればこそ、私は一日も早くこの国をソヴェト組織に改造せんことを熱望したのである」と（「私に対する或る批評」）。むしろ河上のこの国家社会を憂慮する真摯《しんし》な姿勢が、かれの思想を発展させる原動力となるのであって、「国家本位」の名においてかれが何を問題としていたのかを明らかにする必要がある。

経済と道徳の調和

『日本経済新誌』には「経済と道徳」「社会主義論」「都会に於ける人口集中の弊害を論じて田園生活鼓吹の必要に及ぶ」などの文章がつぎつぎと発表された。これによって当時の河上の思想を取りだしておこう。

「経済と道徳」はまず冒頭で、日本社会が直面している「二大問題」が「経済と道徳との衝突」と「商工業と農業との衝突」にあることを指摘している。河上はさしあたり前者について論ずるのであるが、後者についてはすでに『日本尊農論』でも商工業と農業との鼎立《ていりつ》を唱えており、とくにまあたらしい議論ではない。

経済と道徳の衝突問題の指摘も今に始まったものではなく、徳川時代の儒者たちの経世論も、詮じつめればこの両者の衝突をいかに調和させるかにあったわけであるが、それはしばしば商品経済の発展に逆行するものであった。河上の新しさは、経済学研究者として、資本主義経済の発展を前提にしつつ、いかにそれを道徳と調和させるかに取りくんだ点にある。

今日の経済社会においては、営利を離れて個人の生存なし。しかるに生は人の最も欲するところなり。このゆえに利もまた人の最も欲するところなり。しからばすなわち利と義と衝突するとき、人の義をすて利をとるは怪しむにたるなし。人の義をすてて利をとる、かならずしも今に始まれるにあらず、しかれども今日その特にはなはだしきを加えたるゆえんのものは、経済組織の変遷これをして然らしめたること、前に述べたるごとし。

「経済組織の変遷」すなわち資本主義経済の発展が、人びとの心に「営利にたいする熱心と金銭にたいする渇望」を植えつけ、その結果として「経済と道徳の衝突」を引きおこしているという認識が河上の出発点である。ではどうしたらよいのか、河上はその一つの有力な解決策として「社会主義者の物質的道徳観」を念頭においている。河上がいう社会主義者の道徳観とはつぎのようなものである。

もし社会の道徳を進歩せしめんとせば、かならずまず現社会の経済組織を打破して、これに代うるに社会主義の組織をもってし、各個人をして生存の保証あらしむるにしくはなし。各人すでに生存の保証をえ、しかる後駆ってこれを善にゆかしむるは易々の業たるのみ。

河上は社会主義者のこの考え方に一面でおおいに共感している。それは儒教の「衣食足りて礼節を知る」「恒産《こうさん》なくして恒心なし」の主張とも合致するし、河上には自明の、正当な主張と考えられたからである。しかし儒教が衣食や恒産(物質)の問題を無視しなかったのは、あくまで礼節、恒心(精神)を重んじたからであった。物質はあくまで精神のための手段であって、物質を越えたところに人間の精神生活、道徳生活の意味があると考えた河上は、この点で物質主義に偏した「極端なる」社会主義者の主張に同調するわけにはいかなかった。その批判は二点ある。一つは「個人の道徳的責任を解除して、これを社会制度の責に帰せしめ、個人をして正心誠意の修養を無視せしむる」点であり、他は「現社会の短所を見ること重きにすぎ、その光明の一面を無視せる」点にある。河上は社会主義が経済と道徳の一致する社会をめざしていることには賛成なのだが、それを実現する過程で、現在の諸個人の道徳的責任を免除し、すべてを社会の責任に転嫁してしまうかにみえる点に反対なのである。

儒教的道徳主義　「経済と道徳」における河上の結論はつぎのようなものであった。

吾輩は一個の経済書生として、ますます欲望の増進を歓迎す。しかれどもこれと同時に、吾輩はいっさいの私欲より超脱するをもって人生の本務と観ず。人間欲なかるべからず、また無欲ならざるべからず、この矛盾せる一句のなかにおのずから経済と道徳との調和あらん。

かれは経済書生として「欲望の増進」を肯定している。しかしそれだけにいっそう、諸個人が「私欲より超脱する」ことを要求せざるをえない。そこにみられる河上の究極の立場は儒教的な道徳主義である。かれは孟子の有名な「生もまた我が欲する所なり、義もまた我が欲する所なり、二の者得て兼ぬべからざれば、生を捨てて義を取らんものなり」を引いて、営利と道義の衝突を「利をすて義をとる」道徳主義に訴えることによって解決しようと考えていた。このような考え方は、基本的には一九一六年に執筆される『貧乏物語』にまで引きつがれる、かれの根本的視点なのであるが、ただもう一方で、かれはつねに日本の社会の現実的課題に注意を向けており、その課題の解決の方策を求める姿勢を捨てなかった。それがかれの思想的発展を支える原動力となったのである。

社会主義観

河上はその儒教的道徳観から当時の社会主義運動には批判をもっていたが、しかし社会主義のめざす方向にたいしては、一貫して共感を示していた。「経済と道徳」につづいて「社会主義論」を執筆したのも、このためであろう。かれはドイツの社会学者ゾムバルトの「カール・マルクスのほんとうの性格といえば薄情で無慈悲という方であった。かつ非常に鋭敏な批評力をもっていたが、ことに人間の賤《いや》しい動機を観破するのが上手であった」という文章を援用して、マルクスは「冷酷かつ下劣の性情を具えたる俗物」であると非難し、「社会主義者にはいささか下等の人物がすくなくない」という不満を表明しながらも、社会主義そのものにたいしては、感情を離れて、「主義は主義として、かならずこれを主義より是非」することが、「真理の闡《せん》明を事とする」学者の義務であると主張している。

「都会に於ける人口集中の弊害を論じて田園生活鼓吹の必要に及ぶ」は題名のとおり、都市への人口集中がもたらす問題を論じたものだが、その解決の一つの方向を「花園都市」(Garden City)建設に求めているのも、河上の社会主義への関心の現れといえよう。しかし河上の社会主義観を知るうえで、より重要なのは、一九一一(明治四四)年三月に刊行した『時勢之変』である。かれは旧著『社会主義評論』を絶版にして、急に思いたってこの小冊子を執筆した。絶版の理由については「余に思ふ仔細《しさい》ありて」としか書いていないので、想像するしかないが、それがこのときに起こった大逆事件と関係のあることはまちがいない。『時勢之変』の序でかれは「書中論ずるところ、読者の意にもとるもの多からん。ことに言論の抑圧に関し当局の政策に口実分疏《ジャスチフィケーション》を付するがごときは、もっとも同職の批難を蒙《こうむ》る点ならんも、吾人は目下の国情にかんがみ、あえてこれをもって必要やむをえざるの『想税』ならんかと信ぜんとするに至りたるものなり」と述べている。含みのある表現で真意はつかみにくいが、大逆事件で衝撃を受けた河上が、坐視するに忍びず、多少の「想税」を払っても、あえて発言していこうとする、切迫した心の動きは読みとることができる。そこで『時勢之変』の内容に入るまえに、まず大逆事件前後の状況をかんたんにみておこう。

大逆事件前後

一九〇五年二月、『平民新聞』の筆禍事件で入獄した幸徳秋水は、獄中で無政府主義者に転化し、出獄後アメリカに渡って、いっそうその確信をつよめて帰国し

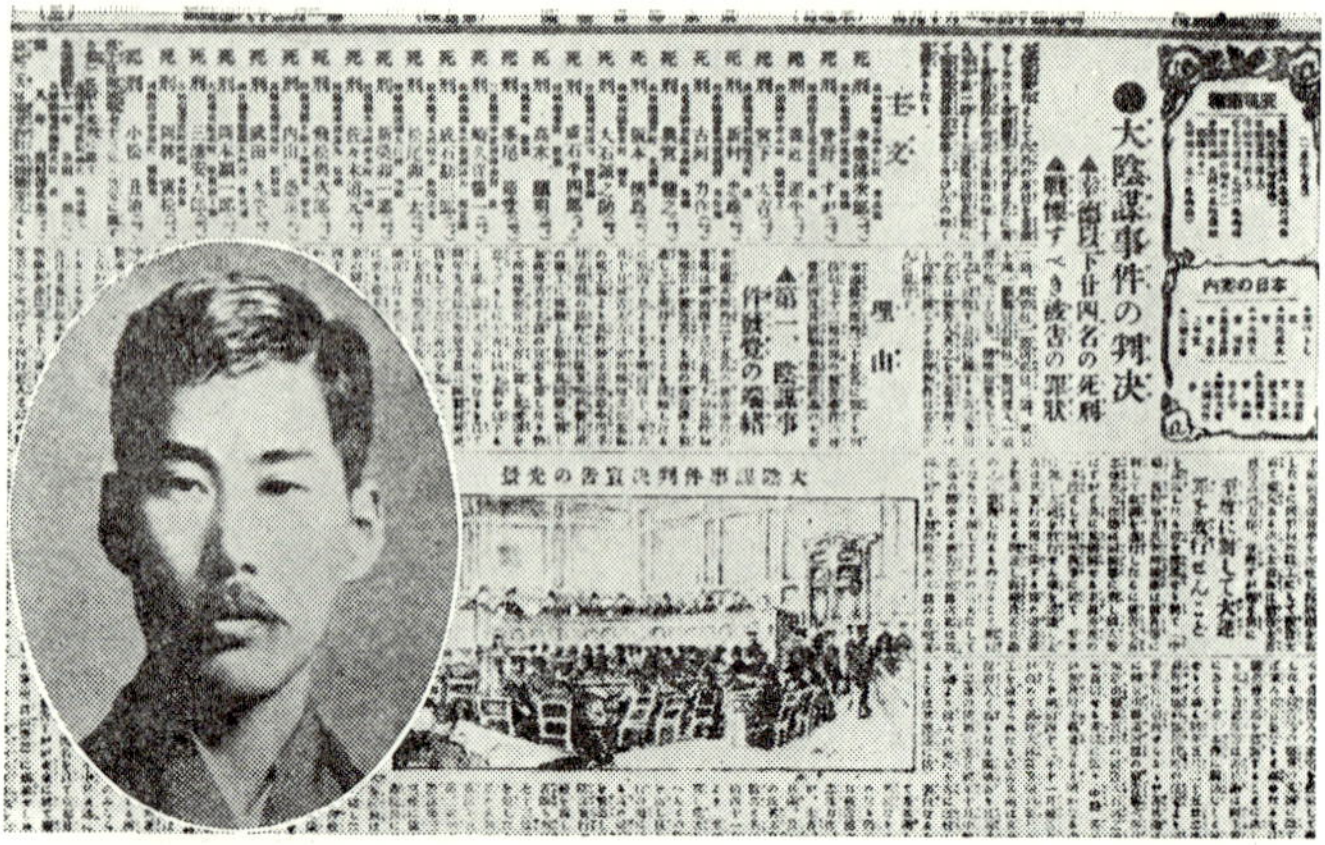

大逆事件の判決を報ずる記事と幸徳秋水　大審院は傍聴禁止のまま裁判を急ぎ，1911年1月18日に26被告中24名に死刑を言い渡した。

た。帰国第一声の「世界革命運動の潮流」は、同盟罷業《ひぎょう》による「直接行動主義」を提起したものである。政府のきびしい取締りのもとで、後退を余儀なくされていた社会主義者たちは、これに確信をえて直接行動に立上っていった。幸徳の直接行動論はかならずしも少数者の一揆《いっき》的行動を意味するものではなかったが、すでに大衆運動の基盤を奪われていた当時にあっては、それは一揆主義的傾向を深めていかざるをえなかった。こうした一連の流れのなかで、幸徳の思想的影響を受けた宮下太吉が、天皇暗殺の直接行動を決意し、爆弾の製造にとりかかった。これが一九一〇年におこった大逆事件という大弾圧を許す原因となったものである。幸徳自身はこの計画に関与していなかったが、桂内閣は、当時別の事件で獄中にあったものを除き、幸徳派の活動家二六名を一網打尽に逮捕した。

　大逆事件の弾圧は、社会主義者だけでなく、広く社会全般に重苦しい衝撃を与えた。荒畑寒村《あらはたかんそん》はつぎのようなエピソードを伝えている。

よく引合いに出される話だが、ある理学士の『昆虫社会』という科学的な著書は、社会という文字が当局の忌諱《きい》にふれて発売を禁止され、雑誌『スバル』中心の文士が「パンの会」というのを開こうとしたら、警視庁はギリシア神話の牧羊神パンを、食うパンと解して不穏な会ではないかと大騒ぎしたという話もある。(『寒村自伝』)

石川啄木が「時代閉塞《へいそく》の現状」を執筆したのは、まさにこうした時代であった。かれは友人を通じてひそかに大逆事件の関係書類を借覧し、“A Letter From Prison”という貴重な証言を書きのこしたのであった。徳富蘆花は幸徳らの裁判が極秘裡に始められると、天皇への助命嘆願書を執筆し、それもまにあわないほど急いで死刑が執行されてしまったのを知ると、そのことへのはげしい抗議をこめて、「謀叛《むほん》論」と題する講演をおこない、幸徳らの行動を弁護した。しかし啄木や蘆花のような反応を示した文学者は例外なのであって、そのことは、これもよく引合いに出される永井荷風《かふう》の『花火』のなかのつぎの一節がよく示している。

わたしはこれまで見聞した世上の事件のなかで、この折ほどいうにいわれない厭《いや》な心持ちのした事はなかった。わたしは文学者たる以上この思想問題について黙していてはならない。小説家ゾラはドレフュー事件について正義を叫んだため国外に亡命したではないか。しかしわたしは世の文学者とともに何も言わなかった。私は何となく良心の苦痛にたえられぬような気がした。わたしは自ら文学者たる事についてはなはだしき羞恥を感じた。以来わたしは自分の芸術の品位を江戸戯作者《げさくしゃ》のなした程度まで引下げるにしくはないと思案した。

『時勢之変』

河上が『時勢之変』を執筆したのはこうした状況のときであった。大逆事件の秘密裁判が開始された直後の、一九一〇（明治四三）年一二月一六日に書きおこされている。河上の文章は蘆花の「謀叛論」などにくらべれば歯切れはわるいが、しかし沈黙を守ることをせず、あえて著書を公刊したところに、かれの思想家としての誠実さを読みとることができる。

かれは『時勢之変』の冒頭で「諸君、今の時代はじつに未曽有難遭《みぞうなんそう》の時代なり。……今日のごとき驚天動地の大変は、既往の歴史においてかつて有らざるところなり」と述べている。かれが「驚天動地の大変」といっているのは、直接大逆事件をさしているわけではない。しかし、ついに大逆事件となって現れたような一大変化が始まっている事実に、かれは衝撃を受けているのである。

かれは社会のこの一大変化の根本原因を「機械の発明および発達」に見いだした。そこでかれは、機械の発達という視点から人類の発展史を概観しているのだが、その過程はいっさい省略するとして、その結果、必然的に今日の「貧富の懸隔《けんかく》」が生まれ、「階級闘争」がおこり、「社会主義」もさかんに唱えられるようになったのだという理解を示している。

そこでつぎには、当然かれの社会主義論が展開されるべきところであるが、かれは「論ずべき問題はなはだ多く……みな看過すべからざる要目に属すといえども、日本現時の状勢はいまこれらの問題を評価するを不可とするの事情あるがゆえに、ことごとく略して述べず」とし、ただヨーロッパ諸国における社会主義政党への投票数が、年々急速に増加しつつある事実を、数字で示すにとどめている。

ところで、河上が『時勢之変』のなかで用いているさきに示した歴史の捉《とら》え方は、あきらかにマルクスの唯物史観の影響を受けている。かれもそのことは認めて、三三節の「物質主義起る」のところでは、マルクスの『経済学批判』から有名な唯物史観の定式を引用して、つぎのように述べている。

マルクスの意は、すべて社会人事の変遷の根本原因は経済上における生産方法の変化にありというにて、いわゆる唯物史観、くわしくいえば経済的唯物史観というもの即ちこれなり。思うに鋭敏なる読者は、現にこの『時勢之変』の著者それ自身がすでにかくのごとき史観に傾けるに心づかられたるなるべし。

このことはしかし、河上がすでにマルクス主義者になったとか、マルクス主義を本格的に勉強しはじめたとかを意味するものではない。かれはマルクスの唯物史観をかりて、今日の一大変化の歴史的背景の根深さを指摘してはいるが、そこからかれが導きだした結論は「今の時において、宇内《うだい》に国する者よく天下に覇《は》たらんと欲せば、まず機械の発明発達にその最善の力をいたすと同時に、これにともなうて起こる物質界および思想界の懸隔にたいしては、またその最善の力をいたしてこれが匡正《きょうせい》に努めざるべからず」というにとどまっている。

ここにみられる河上の問題の捉え方そのものは、「経済と道徳」などにおける場合とほとんど変わってきていない。ただ大逆事件という事態のなかで、社会変革——社会主義の問題がより緊迫した問題として河上のなかに自覚されてきているのをみることができる。

「日本独特の国家主義」

この同じ時期に河上は、明らかに大逆事件に触発されて書いたと思われる二つの論文を発表している。「日本独特の国家主義」と「政体と国体」である。両者の論旨には重複するところが多いので、両者をいっしょにして、河上の考え方をみてみよう。河上は現代日本の最大特徴を「国家主義」に求めたうえで、これを西洋の「個人主義」と対比させながら、つぎのように説明している。

日本現代の国家主義によれば、国家は目的にして個人はその手段なり。国家は第一義のものにして個人は第二義のものなり。個人はただ国家の発達を計るための道具機関としてのみ始めて存在の価値を有す。故にかりに最も極端なる場合を想像して、もしすべての個人を殺すことが国家の存立を維持するために必要なる場合ありとせんか、たといすべての個人を犠牲とするも国家を活かすということが、国家主義の必然の論理的断案にして、現代日本人の倫理観はこの断案を是認するに躊躇せざるものなり。

国家主義の原理は究極には、すべての個人を犠牲とすることもいとおうとしない——一五年戦争下に日本の指導者は、国体を護持するために一億玉砕を唱えた——ことを指摘したうえで、河上は、西洋が「天賦《てんぷ》人権」「民賦国権」の「民主国」「権利国」であるのにたいし、日本は「天賦国権」「国賦人権」の「国主国」「義務国」であるという特徴づけを導いている。つまり日本では、国家に天賦の権利があり、国民はその国家から権利を恵与されるにすぎないということである。河上がここに「権利国」「義務国」と名づけたのには深い意味がある。かれはつぎのように指摘している。

民主国にあっては権利の主張は正義なり。されば英国にて権利のことを「ライト right」という、これ公道正義の意にして、すなわち不正罪悪を意味する「ロング wrong」なる語と相対するものなり。しかしながら日本のごとき国主国にありては「ライト」の一語翻訳せられて権利となる。権は権道の権にして、利は利益の利なり。すなわちこれらの語にはなんら道徳的含蓄あることなく、かえって「デューチー duty」の訳語たる義務には、義といい務といい、はなはだしく道徳的含蓄を有す。しかしその義務という観念そのものは本来個人相互間の権利関係に連絡して発生したるものにあらずして、これと独立して別に個人対国家の関係より発生したるものに属し、もと国家にたいする義勇奉公の観念と密接の関係を有するものなり。

河上はこのような理解にもとづいて、日本は義務のみがあって権利のない「義務国」だと捉えたのである。河上は吉田松陰的な素朴な愛国心から出発して、これまで国家社会のために経世家たらんとしてきたが、いま河上のまえには二つの国家原理が対立するものとしてみえてきた。このどちらをとるかで、愛国の内容はまったく違ったものになる。河上はそのどちらをえらぶかの判断はくだしていない。ただ二つの原理を事実の問題として対置したにとどまるのではあるが、しかし大逆事件の直後の時期にこれを発表した真意はおよそ推測できる。かれは結論的判断をくだすことについて、「少なくとも目下の情勢においては憚《はばか》りてこれを避くべきものと考う」と述べている。

学者としての使命感

「日本独特の国家主義」が一般読者を対象とした『中央公論』に発表されたのにたいし、『京都法学会雑誌』という、より限定された研究者を対象とする雑誌に発表された「政体と国体」の方では、この点がもう一歩すすめられて、つぎのように主張されている。

ひっきょう信仰とは古き知識の集結凝結して感情となりしものを指すにほかならず。この信仰の内容を改善し豊富にし変化せしむるものは、科学の産物たる新しき知識なり。この新らしき知識の刺戟によって、民族の信仰もしだいに変化す。……

国主国の人民にとっては国家が最高の価値を有するがごとく、学問国の人民たる学徒にとっては真理がその最高の権威者たり。信仰も国家も国体も真理のまえにはみな批判の目的物たらざるべからず。

ここにみられる河上の主張は、かつて河上が学生時代に影響を受けた木下尚江の持論でもあった。木下は「いわゆる科学の尊貴なる所以は、いっさいの事物現象にたいする組織的知識を与うるにあり。……ゆえに事体のもっとも重大なるもの（国家や国体の問題）については、忌憚《きたん》なき疑問と、自由なる討究をゆるすこと、さらに切ならざるべからず」と主張している（「愛国心欠乏の原因」）。河上はいま大逆事件の衝撃のなかで、幸徳の盟友であった木下の言葉を思いおこしていたのかもしれない。河上が近衛に「志のためには国外に追放されるぐらいの覚悟」を語ったのは、このときより一年以上も後のことになるが、しかし河上のなかにそうした気持ちが生まれたのは、やはりこの時期あたりなのではなかろうか。「未曽有難遭の時代」の課題に学者として答えていこうとする使命感が、河上のなかにしだいに明確になりつつあった。

木下尚江

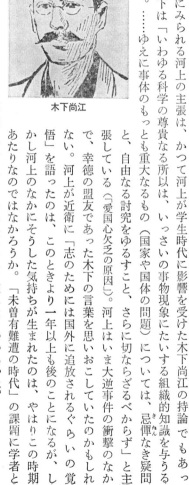

二、唯物論か唯心論か

「唯物観より唯心観へ」

一九一一（明治四四）年三月に『時勢之変』を発表した河上は、関一《せきはじめ》から書評の形でその理論的不備を指摘された。それはマルクスの唯物史観によって人類の発展史およびその結果としての物質界、精神界における「懸隔」の成立を説明しながら、その解決については明確な方向を出しえないでいた点にたいする当然の批判であった。河上は関のこの指摘にたいして答えるだけの用意を持ちあわせていなかった。そこで「余が唯物史観を唱うるその根本の立脚地」をこのさい理論的に整理して答弁にかえようとしたのが、一九一二年七月に執筆された「唯物観より唯心観へ」である。これは後に「唯物史観の立脚点」と改題されて『経済学研究』に収録されるが、初期の河上の、唯物史観にたいする理解の仕方を示す重要な文章である。

唯物論 materialism と唯心論 spiritualism の問題は哲学上の根本問題であり、河上のこれ以後の思想的発展も、けっきょくはこの問題をめぐってなされることになるので、ここで最小限の説明を加えておこう。唯物論にたいしては観念論 idealism という用語が対置される方が一般的であるが、唯心論も観念論も基本的には相通ずるものであり、ここではそういう点にはこだわらないことにする。

　人間はそれぞれ肉体をそなえ、それを維持するために衣食住などの物質的生活手段を必要としている。しかし「人はパンのみにて生きるものにあらず」ともいわれるように、同時にさまざまな精神的なものに価値を認めて生きている。あるばあいには衣食住を犠牲にしても精神的な価値の実現をつよく願いさえする。人間が生きていくためには物質的なものも精神的なものも欠くことができないのは当然だが、その場合に問題となるのは、両者の関係、両者のいずれがより根源的なのかである。唯物論は「タダモノ論」だから物質にしか価値を認めないといった不真面目な議論もあるが、そういうことではない。物質の根源性を認めたうえで、精神や思惟《しい》の働きを物質、存在から説明しようとするのが唯物論である。

　さて河上が唯物史観を説明するばあい、それが「人類社会の現象を科学的に観察する」方法として有効なことは認めるが、科学が対象とする世界は「死物の世界」「冷血の世界」にすぎず、それとは別に「生霊の世界」「温情の世界」があると考えている。両者の関係が肝心なのに、はじめから対置されてしまっているから、科学は人間を一個の物体として、客観的に外部から観察できるだけで、その人の意識の世界には関与できないと考えてしまった。物質の世界と精神の世界を二元的に対置した河上は、それに応じて科学と哲学（非科学）とを使いわけなければならなかった。河上はそのことをつぎのように説明している。

法則の存在を認めながら同時に理想を建立す。これ一見矛盾に似て矛盾にあらず。法則は外物に属し、理想は自我に属すればなり。いなただに論理の矛盾にあらざるのみならず、むしろじつに論理の必然なり。Marx oder Kant（マルクスかカントか）にあらず sowohl Marx als Kant（マルクスもカントも）ならざるべからず。……

余自身は唯心論的に自我を観じ、唯物論的に外物を観じつつある哲学者兼科学者のいと小さなる者……。

この文章は当時の河上の考え方をもっともよく示すものとして、研究者のあいだでもしばしば引き合いにだされる。河上はすでに述べてきたように、儒教やキリスト教のなかに見いだした理想主義の熱烈な信奉者であった。しかし同時に経済学者としては、現実の経済組織を科学的に説明する必要を自覚しており、その方法としてマルクスの唯物史観が有効なことを認めるようになってきた。しかし理想主義者河上としては、マルクス主義のなかに理想や精神の働きについての納得のいく説明を見いだすことができなかった。それがこうした折衷的な二元論の立場をとらせることになったのである。河上としてはマルクス主義の科学性を認めたつもりでも、これは少しもマルクス主義的ではない。河上はやがてマルクス主義者からこの点を「霊肉二元論」「抜きがたき人道主義」と批判されることになるのであるが、それは次章であらためて取りあげることにする。

ヨーロッパ留学

河上の一九一二年前後の動勢については、『自叙伝』にもあまり触れられていないので、くわしいことはわからないが、この時期、かれはもっぱら講義のための研究に力を注いでいたらしい。そして一九一〇年に『経済学の根本概念』、一一年にピールソン『価値論』フェター『物財の価値』、一二年にフィッシャー『資本及利子歩合』『経済学研究』、一三年に『経済原論』などの著訳書をつぎつぎと刊行している。相当な勉強ぶりである。そうしたとき、意外に早く留学の機会がやってきた。

一九一三（大正二）年九月に、河上は満二カ年の予定で留学を命ぜられ、一〇月二五日神戸を出港、年が明けて一月にブリュッセルに到着している。しかしベルリン滞在中の七月に第一次世界大戦が勃発し、日独開戦も迫ったので、かれはいったんロンドンに避難し、予定をくり上げて、一五年二月には帰国している。

留学中の河上が何を考えていたかは、かれが留学先から『大阪朝日新聞』と『中央公論』に寄稿した文章（のちに『祖国を顧みて』として刊行）に出ている。かれは異国にあって祖国への郷愁をつよめ「愛国者」ぶりを発揮するとともに、西洋文化と日本文化の異質性に注意を向けている。河上の特徴を示している例を一つだけ引いておこう。

> 人はよく西洋先進国なる文字を用うるが、西洋諸国は西洋式の文明においてこそ先進国なれ、日本固有の文明は西洋式の後《おく》れたるものではなくて、違った道を歩んでおるものである。

また人はよく日本人は模倣にたけた国民というが、いまの西洋文明は元来模倣しやすき性質の文明なのである。西洋人などは日本の文明を模倣すべく、いまだこれを理解するに至りえざるものである。かくて東西文明の真の調和を計るの天職を有するは、いかにしても吾等日本人であらねばならぬ。（「彼我の根本的相違」）

こうして河上は、わずか一年ほどのあいだにパリ、ベルリン、ロンドンなどを歩いて帰国すると、当時のおおかたの仕きたりにしたがって教授に昇任した。かれはこれで正式に経済学史の講義を担当できることになり、また田島錦治と交替で隔年に経済原論を担当するようになった。河上はこのことについて、「隔年ではあるが、ともかく原論の講義で学校の仕事が間に合うようになり、講義と研究との一致をかちとることができだした。私が熱心に『資本論』にかじりつくことができるようになったのは、おそらくそのお蔭であったであろう」と述べている。

『貧乏物語』

帰国した河上は翌年（一九一六年）九月から一二月にかけて、五二回にわたり『大阪朝日』に「貧乏物語」を連載した。「貧乏」の問題は五年前の『時勢之変』ですでに「貧富の懸隔」の問題として河上が注目していたところであった。そして「貧乏物語」連載に先だって、一五年一〇月には「婦人問題雑話」を同じく『大阪朝日』に連載しており、そこでも貧富の問題を男女の問題（というより女子労働者の問題）とならぶ「現代の二大問題」と捉えている。

ここで河上の女子労働者問題についての指摘をごくかんたんにみておこう。細井和喜蔵の『女工哀史』が書かれたのは、これより少しあとの一九二五年であるが、当時の女子労働者のおかれていた労働条件の劣悪さは、目をおおわしめるものがあった。河上はいちはやくこの問題の重大性に注目し、「罪人を容るる牢獄でさえ、しだいに改良せられつつある大正の御代に、罪なき少年少女が罪人以上に酷使虐待せらるるということは、吾等の看過しあたわざるところである」と述べ、「おそるべき殺人未遂は、到る所の工場において、公々然法律の保護のもとに行なわる」と、最大級のはげしい言葉で告発しているのである。

『貧乏物語』

こうして理想主義者河上のなかで、資本主義の発展が生みだす諸問題が、もはや看過しえない緊急の課題として、いよいよつよく自覚されてきた。経済と道徳の一致を求める河上は、目のまえで進行する貧困の問題をもはや放置することができなくなった。そしてこの現実の課題に真正面から取りくんだことが、やがて河上を現実的な理想主義者、マルクス主義者へと変革していくことになるのであった。したがって『貧乏物語』はその理論的不備のゆえに、河上自身によって絶版処分にふされたとはいえ、やはり河上の代表著作の一つである位置を失わない。

戦後岩波文庫の一冊として出版されたとき、経済学者大内兵衛はその巻末解説でつぎのように述べている。

この『貧乏物語』は大正五年九月十一日から同年十二月二十六日までに、断続して大阪朝日新聞にのせられ、数十万の読者の絶讃を博したものである。今日初老を過ぎたインテリにしてこのことを記憶しないものはないであろう。そして彼らのうちで、いわゆる社会問題について多少の見識を有すると自負するほどの者ならば、必ずやこの書によって開眼せられたことを告白するであろう。

この文章には多少の誇張があるかもしれないが、そんな風に書かれるのが不自然ではないような影響力を『貧乏物語』はもっていた。ごく平易に書かれた名著なので、ぜひ一読をすすめるが、以下骨子を要約しておこう。

「いかに多数の人が貧乏しているか」

『貧乏物語』は三部から構成されている。「いかに多数の人が貧乏しているか」「なにゆえ多数の人が貧乏しているか」そして「いかにして貧乏を根治しうべきか」である。

第一部ではまず「貧乏人」の定義を与え、「肉体の自然的発達を維持する」だけの収入のない

（貧乏線以下の）第一級の貧乏人と、ぎりぎりそれは手に入れているが、それ以上に知能や霊魂の要求を満たすことのできない（貧乏線上の）第二級の貧乏人とに分けたうえで、当時世界でもっとも豊かであったイギリスの統計数字をあげている。そして河上は、「かせぐに追いつく貧乏なし」ということわざがあるが、いま問題にしている貧乏は「いくら働いても貧乏はまぬがれぬぞという『絶望的の貧乏』」であることを指摘している。

ところで、国全体が貧しいために貧乏人が多いのかというと、他方には比較にならぬほどの「大金持ち」がいて、国全体としてはいちじるしく豊かであるのが、この貧乏の性格である。河上はこの点についても英仏独米などの統計数字をあげて、全人口のわずか二％の最富者で全国の富の六〇％以上を占有し、逆に六五％もの貧乏人がわずか四％の富の分配にしかあずかっていないという事実を明らかにしている。

第二部はこの貧乏が生みだされる根本原因を究明したものであるが、まずアリの社会と比較しながら、人間の特徴を「道具の製造」という点でとらえ、今日では機械の発明によって「貧乏人の絶無なる新社会の実現」がかならずしも不可能ではなくなっている事実を指摘している。ではなぜ、機械の応用のもっとも進んでいる資本主義国で貧乏人が多いのか。まだマルクス主義経済学の労働力商品の分析を理解していない河上は、それを需要と供給の法則によって説明しようとしている。資本主義の経済は「需要あるものにかぎりこれを供給する」、その需要は一定の要求に資力がとももなわなければ需要とならないから、生活必要品よりも資力のある奢侈《しゃし》ぜいたく品の方が優先する仕組みとなっている。このために、せっかくの機械の生産力が生活必要品の生産に活用されず、遊ばされることになり、その分労働者の働き口もおさえられることになるのだという。

この仕組みが改まらないかぎり、たとえ貧乏人の所得の増加をはかっても、その増加を上まわって生活必要品の価格が上昇してしまうから、解決にはならないというのが河上の主張である。「なぜ貧乏人が多いのかといえば生活必要品の生産が足らぬのだといい、なぜ生活必要品が足らぬかといえば貧乏人が多いからだ」という、一種の循環論がここに導かれる。河上はしかし「私の議論が循環しているのではなくて、じっさいの事実が循環しているのである」と主張して、この循環からの脱出を「富者の奢侈廃止」に求めることになる。それが第三部の貧乏根治策である。

「いかにして貧乏を根治しうべきか」

河上は貧乏の根治策としてつぎの三方策が考えられるとして、その検討をおこなっている。

一、世の富者がみずから進んでいっさいの奢侈ぜいたくを廃止する。

二、なんらかの方法をもって貧富の懸隔のはなはだしきを匡正《きょうせい》する。

三、各種の生産事業を私人の金もうけ仕事に一任しておくことなく、国家みずからこれを担当する。

この第三策はいわゆる「社会組織の改造」である。河上は第三部の過半をこの第三策の検討に当てている。かれは社会組織の改造を主張した代表としてマルクスを登場させ、マルクスの主張を「経済組織がまず変わって、しかるのちに人の思想精神が変わる」と要約したうえで、自分の立場をつぎのように対置している。

私は、社会問題を解決するがためには、社会組織の改造に着眼すると同時に、また社会を組織すべき個人の精神の改造に重きを置き、両端を攻めて理想郷に入らんとするものである。

河上がマルクスの主張をこのように誤解したのは、今日でもそんな風に思いこんでいる人も多いのだから、やむをえない面もあるのであるが、念のために補足すれば、マルクスはけっしてこんな馬鹿げたことを主張しているのではない。なるほどマルクスの主張の根本前提は、存在が意識を規定するということにあるが、だからといって、まず社会組織の改造、そうすればおのずから思想精神も変わってくるなどといっているのではない。なぜなら、その社会組織の改造が、改造をねがう人びとの目的意識的な実践をつうじてのみ実現されるものであることを、いちばんつよく自覚していたのがマルクスだったからである。

では河上はどうしようというのであろうか。社会組織がいくら変わっても、それを運用する人間の意識が変わらなければ、理想の社会は実現されないし、逆に人間の意識が変わりさえすれば、社会組織はそのままでも、立派な社会を実現することができる、と考えた河上は、「社会いっさいの問題はみな人の問題である」と結論する。かれは社会組織の改造と個人心意の改造の「両端を攻める」のだと言いながら、けっきょくは個人心意の改造論に落ちこんでしまった。これは、これまでもたびたび指摘してきた、河上の道徳主義の必然的な帰結である。

こうして河上は第三の社会組織の改造論をしりぞけ、第二の貧富の懸隔匡正策も、これを徹底すれば第一の個人心意の改造論に帰着するという理由で、貧乏問題の解決を「富者の奢侈廃止」に求めたのであった。かれはこの奢侈廃止を「個人の自制」、富者自身の道徳的自制によって実現しようと考えたのである。世の資本家が自己の責任を自覚し、自身のぜいたく品の消費を自制するばかりでなく、ぜいたく品の生産をも自制するようになれば、貧乏問題はたちどころに解決するはずなのであった。かれはつぎのように書いている。

本来よりいわば、肉は霊のために存し、知もまたひっきょうは徳のために存するにすぎざるがゆえに、人間生活上におけるいっさいの経営は、窮極《きゅうきょく》その道徳的生活の向上をおいて他に目的はない。すなわちこれを儒教的にいわば、われわれがその本具の明徳を明らかにして民を親しみ至善に止まるということ、これを禅宗的にいわば見性成仏《けんしょうじょうぶつ》ということ、これを真宗的にいわば、おのれを仏に任せきるということ、これをキリスト教的にいわば、神とともに生くということ、これをおいて他に人生の目的はあるまい。

河上はこうした神や仏のような「理想的生活」の実現を世の富者に期待し、そこに「経済と道徳との一致」した社会の実現を夢みたのであった。それが貧乏問題の解決策としていかに現実離れしたものであるかは、もはや多言を要しまい。当然それは櫛田民蔵らの批判をまねき、河上はいよいよ真の解決を求めて、マルクス主義者への道を歩むことになる。その意味で『貧乏物語』は、「経済と道徳」に始まったかれの経済学研究の一つの総括であり、新たなる出発への転換点をなすものであった。

第四章　マルクス主義の研究

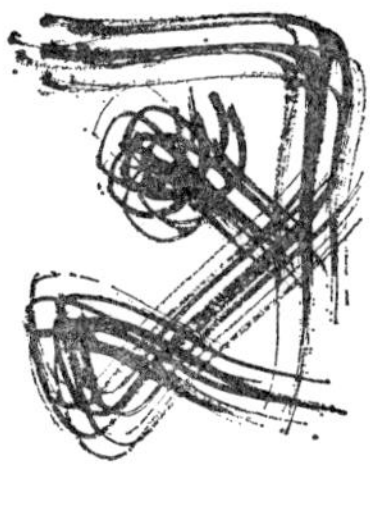

一、抜きがたき人道主義

『貧乏物語』以後

『貧乏物語』は「数十万の読者の絶讃を博して」連載をおえると、翌一九一七（大正六）年の三月には単行本として刊行された。それがまたわずか二年のあいだに三〇版を重ねたというのであるから、いかに好評であったかがわかる。しかし同時に、前章に述べたような理論的弱点をもっていたから、当然これにたいする批判もおこった。その最初の批判者は、河上の最初の教え子であり「多年にわたり親交をつづけてきた」櫛田民蔵であった。さまざまな批判者のなかには、悪意や誤解にもとづくものもあったが、河上は謙虚に耳をかたむけ、きびしい自己研鑽《けんさん》をつづけた。その思想発展のあとを追うまえに、当時の思想界の状況をいちべつしておこう。

大正デモクラシーの高揚

大正時代がいわゆる大正政変で幕があけると、憲政擁護の声は急速に高まった。一九一二（明治四五＝大正元）年一二月、第二次西園寺内閣が軍部の反対にあって総辞職を余儀なくされたあと、元老会議が第三次桂内閣の成立を強行する

憲政擁護運動　内閣弾劾決議を出した野党を、衆議院前に集まって激励する群衆。

と、これに反対する政党や新聞などが「閥族打破」「憲政擁護」のスローガンをかかげて、いっせいに反対運動に立ちあがった。このため桂内閣はわずか五〇日の短命におわった。これを大正政変という。この政変が成立するためには、すでにそれ以前から徐々に条件が熟してきていたわけで、思想面でいえば、『白樺』『青鞜《せいとう》』の創刊、「友愛会」の発足、憲法解釈をめぐる上杉・美濃部論争など、大正デモクラシーを用意する動きが、いずれも明治末期におこっている。そして一九一四年に始まった第一次世界大戦は、日本経済に空前の好況をもたらした。こうした時代を背景に政治学者吉野作造が「民本主義」の理論を引提げて論壇に登場した。吉野が毎号のように執筆した『中央公論』のほか、『改造』や『解放』も発刊され、また長谷川如是閑《にょぜかん》や大山郁夫を擁した『大阪朝日新聞』も憲政擁護の論陣をはって、デモクラシー高揚の時代をむかえた。河上が「貧乏物語」を連載したのもこの『大阪朝日』であり、かれもこの大正デモクラシー運動の一翼を

社会運動の高揚　1920年２月、普選要求のデモが日本橋付近を日比谷方面に行進している光景。

になない、やがてそれをリードする位置に立つことになる。

思想界においても、大正デモクラシー運動に呼応するような新しい動きが活発になった。白樺派文学の流行や新理想主義の哲学の流行がそれである。理想主義の哲学はすでに一八九〇年代に大西祝らに唱えられており、明治末期には西田幾多郎の『善の研究』も刊行されているが、大正期に入ると阿部次郎の人格主義の哲学などが、青年たちのあいだに広くむかえられた。河上につよく現れている理想主義の傾向も、こうした時代思潮との関係を抜きにしては考えられない。

大正デモクラシーの高揚とほぼ時を同じくして、大逆事件以来鳴りをひそめていた社会主義者たちも、堺利彦、山川均などを中心に活動を再開し、また幸徳秋水の思想的影響をつよく受けた大杉栄らはアナキズムの立場から発言をつよめている。しかも一九一七年一一月にロシアで社会主義革命が実現したことは、社会主義者を勇気づけ、またマルクス主義への関心を大いに高めることになった。

第一次大戦の末期、一九一八年八月には、米価の高騰にたいする不満から、米騒動が全国的におこり、これを軍隊の出動によって鎮圧した寺内内閣が世論のまえに退陣を余儀なくされた。これ以後、戦後恐慌や関東大震災などの深刻な事態をむかえるなかで、一九二〇年代には、労働運動や農民運動など、各界の社会運動がいっせいに開始され、一九二二年にはマルクス主義に理論的基礎をおく日本共産党が非合法のかたちで結成されている。

河上がマルクス主義者への道を歩みはじめたのも、このような時代においてであった。

批判者たち　河上のこれ以後の思想発展に重要な役割を演じた批判者は、櫛田民蔵、堺利彦、福本和夫などである。

櫛田は京大で河上の教えを受け、卒業後もたえず河上に学びながら一流経済学者となった後輩である。『櫛田民蔵全集』の編者は、櫛田の学問形成についてつぎのように解説している。

著者（櫛田）はその青年時代より深く河上博士に傾倒し、とくにその問題提起の時宜をうる点において博士に追随せんことを期したもののごとく、同時に、博士と同一の問題を持しつつ

櫛田民蔵

自己の力をつくして博士の説を検討し、その検討を通じて日本の学界の分野における認識の進歩に貢献せんと期したるもののごとくである。

そういう櫛田であったから、櫛田は河上のもっともよき理解者であり、それゆえにまたきびしい批判者でもありえた。かれはすでに『貧乏物語』の原型である「奢侈と貧困」（一九一六年四月）にたいしても、「河上教授の『奢侈と貧困』を読みて」と題する書評を寄せており、それ以後、私生活面では親交を重ねながら、たえず批判を加えていった。とくに一九二〇年から二二年にかけての洋行ののちは、河上も認めているように、「私を尻目にぐんぐん先へ進」み、河上の方が櫛田の「教えを乞う」ような関係さえ生まれた。のちに述べるように、一九二四（大正一三）年に河上がマルクス主義への「新たなる旅」に出立したのも、櫛田の「社会主義は闇に面するか光に面するか」と題する批判がきっかけをなしている。

櫛田はその後労農派の論客となり、河上とは袂《たもと》をわかつことになるので、晩年の河上は「露骨にいえば、ただ学者としてのマルクスを尊敬していただけで、自分はついにマルクス主義者となりきらずにすんだ人である」ときびしい評価をしているが、河上の思想形成には欠かすことのできない人物である。

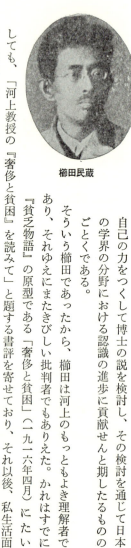

堺利彦は明治以来の社会主義運動の指導者であり、『共産党宣言』や『空想から科学へ』をいちはやく翻訳するなど、もっともはやくからマルクス主義に近づき、大正期に入って運動が再開されると、文字どおりその指導的役割を果たした人物である。かれはドイツの理論家カウツキーの『倫理と唯物史観』も翻訳しており、道徳問題についてのマルクス主義的理解にも通じていたから、当時流行の理想主義の哲学や吉野作造の根底にあった人道主義などをつぎつぎと批判していった。一九一七年に森田草平を批判した「カントに帰るの真意義」でカント的二元論を批判した堺は、河上が『社会問題研究』を創刊して、思想界の注目をあつめるようになると、本格的に河上批判に乗りだした。「河上肇君を評す」(一九一九年三月)「現代社会主義の恐るべき弊害」(同六月)などは、河上のなかにある「抜きがたき人道主義の病い」をきびしく批判したものである。

福本和夫

福本和夫は一九二四年にドイツ留学から帰り、河上の母校山口高商(山口高校の後身)の教授となった新進のマルクス主義理論家である。かねてから河上の著作の熱心な読者であった福本は、帰国するとただちに、「経済学批判に於ける『資本論』の範囲を論ず」(一九二四年一二月)以下の河上批判を展開した。河上はそのはげしさをつぎのように記している。

福本君は、櫛田君のようにその批判を私にばかり集中したわけではないが、かねて海外留学のさい、河上の著作は残らず揃えて持っていったそうだ、などと噂されたほどあって、その批判の矢はまず河上に向かって放たれ、かつその後もなにかにつけて河上攻撃の手をゆるめず、かくて福本イズム全盛期にあたっては、私が何かものを書くと、その亜流たちまでが、自分たちのいうところの唯物弁証法の立場から、すぐにけちをつけて得意になる、という調子であった。(「徐々に辿ったマルクス主義への道」)

この文中に出てくる「福本イズム」というのは、それまでマルクス主義の最高の理論家と考えられていた山川均の理論(山川イズム)にかわって、一九二六年から七年にかけて風靡《ふうび》した福本の理論をさしている。河上はこの福本の批判の仕方には相当の反発を感じたようで、かれのことを「同君は、レーニン主義のレッテルをテカテカと貼りつけたたくさんのお土産《みやげ》を、トランクに一杯詰めこんで持ちかえり、けっきょくは言葉の上だけにとどまったけれど、さかんに唯物弁証法だのレーニン主義だのいう飛道具を振りまわし、独断的な、論理の連鎖を欠いた、呪文のような一種独特の文章で、かたはしから論壇の人々をなぎ倒し、一時、日本の思想界を風靡するにいたった彗星《すいせい》的人物」と評している。

河上はこれらの批判者たちからのさまざまな批判を、それが当たっていると思われるかぎり、つねに謙虚に受けいれ、自己検討をくり返していった。一九二八年に刊行された『経済学大綱』はその点をつぎのように述べている。

顧みれば、マルクス学説への私の完全なる推移は、軽蔑に値するほどの多年にわたる躊躇と折衷的態度との後に、わずかに実現されえたものである。だが、思索研究の久しきをへてようやくここに到達しえたる代りには、私は今たとい火にあぶられるとも、その学問的所信を曲げがたく感じている。

自己変革への第一歩

さて『貧乏物語』を批判された河上は、一九一八（大正七）年の一月、『大阪朝日』に「未決監《みけつかん》」なる一文を発表して、自説を修正する姿勢を示した。

もし人間にして、社会の利益を見ることまったく自己および自己の家族の利益を見るがごとくならば、初めよりなんらの問題なけれども、ただ然らざるがために、生産を至大ならしめんとすれば、分配適宜なるをえず、分配を至当ならしめんとすれば、生産盛んなるをえざるわけにて、ここに経済上の最難問は横たわる。

この発言は二つの点で『貧乏物語』における自説の変更である。富者の自発的な奢侈廃止など不可能であることを認めたこと、および貧乏が分配問題ではなく生産問題であるという主張を撤回したことである。しかし生産の増加と分配の公正とをどのように両立させるか、河上はまだ見通しを立てることができない。この状態をかれは「未決監」にたとえたのである。「この意味において、現代の経済学者はみな未決監の中にあり、真乎決死の勇を鼓《こ》し、身をなげうって問題の解決に当たる者、はじめてこの獄を破りて、第二のアダム・スミスたるをえん」というとき、河上はすでに勇を鼓して第二のスミスたらんことを、ひそかに決意していたとはいえるかもしれない。しかし具体的な解決の方向はまだ見いだせていない。かれは末尾をつぎの歌で結んでいた。

今もなほ惑ひに惑ひ重ねつつとしのみ不惑の数に入りける

「未決監」のあとに発表した「ラスキンの『此最後の者にも』」という書評では、経済学を、組織改造を主張する社会主義経済学と、人心改造を主張する人道主義経済学とに分け、ジョン＝ラスキンのこの著書を「わが人道主義経済学の一大宝典なり」と述べて、自分が人道主義経済学の陣営に属することを表明している。

しかし年が明けて一九一九年一月には、河上はもう一歩踏みだした。『大阪朝日』に発表した「或医者の独語」と『政治学経済学論叢』に発表した「『新しき村』の計画に就て」である。

「或医者の独語」は日本の社会を「貧血の重病人」にたとえ、この病気を根治するためには、体内に巣くう寄生虫（社会のためには何の働きもせぬ「坐食者」）を駆除《くじょ》する「手術」が必要なことを説いている。しかしそのあとに河上はつぎのように続けている。「問題は病人自身がこの病源の所在を自覚するにあるけれども、今日のところではそれがいかにも困難である。下手《へた》に手術を主張しようものなら、すぐに吾輩を殺しにかかるから、野蛮人は仕方がないと諦めて」医者としてはやむをえず傍観しているのだと。

これを読むと、河上自身はすでに、手術＝組織改造の必要は承知しているが、社会一般がまだそれを受けいれようとしないから、やむをえないのだと考えていたことになる。それがいかに表面的な理解であったかは、まもなく明らかになるが、少なくとも主観的には、一九一九年の年頭の河上は、いちおう自分の弱点を認めて、あらたな段階にすすもうとしていたことを示している。

もう一方の「『新しき村』の計画に就て」の方は、ちょうどこのころ武者小路実篤によって「新しき村」の実験が始められたことに寄せて、これまでオーエンやサン＝シモンらの共産社会の実験がいずれも失敗におわり、他方アマナ社団のような宗教団体による試みが成功しているのはなぜか、を問題にしたものである。かれはアマナ社団の成功の理由を「会員にたいし確乎たる宗教的信念と厳格なる宗教的生活を要求している」点に求め、そこから逆に、「かくのごとくその団員をえらぶ必要あることは、同時にそが全人類を包括するの組織となりえざるゆえんである」という結論を引きだしている。これは個人の道徳性にのみ期待することの非現実性を、さきの「未決監」より一歩すすめて承認したことを示している。

『社会問題研究』の創刊

河上はこの年一月二〇日に個人雑誌『社会問題研究』を創刊し、それとともに、三〇版を重ねて好評の『貧乏物語』を突如絶版にした。河上の再出発への決意の表明である。

河上がこれまで特別の関係を保ってきた『大阪朝日』は、この少しまえ、社長以下首脳陣の総退陣という事態に追いこまれていた。米騒動にたいする寺内内閣の処置を弾劾する記事のなかにあった、「白虹日《はっこうひ》を貫けり」という表現が筆禍に問われたためである。河上もこのため『朝日』との関係を断つことにしたが、それに代わる発言の場がすぐにも必要であった。河上はそのため、『日本一』という駅売りの低俗雑誌と話をつけて、それを「自分の舞台」にすることまで考えたが、それを心配した櫛田民蔵と友人小島祐馬が、河上に内緒で弘文堂と話をつけ、雑誌発刊の運びとなったのである。

『社会問題研究』の誕生は、このような友情によるものではあるが、河上はこれの発行にはたいへんな精力を注いだ。はじめは二、三千部を予定して発行されたにすぎない小冊子であるが、三カ月後には二万部を発行するほどの売れゆきを示しており、一九三〇年までの一二年間、途中に一時中断はあるが、一〇六号まで刊行しつづけている。河上がこの雑誌の刊行に踏切ったときの心境の一端は、さきに取りあげた「或医者の独語」にもうかがわれるが、（病源の所在を病人自身が自覚するように医者として働きかける）のちに『自叙伝』は「おそらくそのころ、真理の方向はここにあるという見込みをつけ、分からぬなりにもマルクス主義を宣伝しようと決心するにいたったからであろう」と説明している（「徐々に辿ったマルクス主義への道」）。

以後、河上の主要な論文は、この誌上に発表され、河上自身がマルクス主義への理解を深めていくとともに、読者をもマルクス主義にひきつけ、社会問題への関心を呼びおこしていった。この意味で河上は、かれ自身が自負しているように「マルクス主義の旗のもとに若い人たちを呼びよせるためのラッパ手としての役割」を十分に果たしたものといえる。

霊肉二元論

さて『社会問題研究』を創刊した河上は、たしかにマルクス主義に関する研究、紹介に多くの力をさくようになるが、しかし、これを研究するさいの自分の立場については、あいかわらず「カントもマルクスも」の態度をまもっている。一九一九年二月の「断片㈠」はつぎのように主張している。

> いかにあるかの問題と、いかにあるべきかの問題とは、これを混同してはならない。またその一のみを考えて、他を忘れてはならない。しからずんば、われわれの理想は事実にもとづかざる空想と化し、またはわれわれ自身が事実のまえに叩頭《こうとう》する没理想の徒となる。

ここには明らかに、当時流行の新カント派の哲学の影響をみてとることができる。いかにあるか（存在、現実）といかにあるべきか（当為、理想）とが区別されなければならないのは当然とし

堺　利彦

て、両者がどのように関係しているのか、事実からいかに理想を説明するかが問題であるのに、河上はあいかわらずこれを対置するにとどまっている。かれはマルクス主義の科学性には十分な敬意を払いながらも、その科学的認識を支えリードするはずの理想や価値意識についての理論を、マルクス主義のなかに見いだせないため、それをカントに求めたのであった。かれは「断片㈠」につづけて「社会主義の進化」（五月）では、つぎのように論じている。

> 初期の社会主義者は、多くは人間の道徳的完成をさいごの理想となせしものにて、経済組織の改造のごときは、かれらの終局の目的よりいえば、その目的を達するための一手段または一過程にすぎざるものである。しかるに今日の社会主義者の多くは、たんに経済組織の改造をもって、ほとんど唯一の目的となせる傾向がある。……社会主義は科学的となりしがために大いにその実現性をつよめた。しかし実現性をつよむることによりてその道徳性を失わんとしつつあることは、余が現代の社会主義にたいしもっともあきたらざる点である。

河上はこの論文によって、初期社会主義と現代社会主義のそれぞれの一面性を克服し、科学性と道徳性の統一された真の社会主義の方向をとらえることができたと考えたのであろう。あるいはそこに、社会主義そのものについての弁証法的発展—統一をみていたのかもしれない。

堺利彦の「現代社会主義の最も恐るべき弊害」は、河上のこの点を衝いたものである。河上はあたかも永劫不変の絶対道徳なるものがあるかのように前提して、それと科学的社会主義との統一に苦心しているのであるが、そのばあい、この道徳がどのようにして人間に意識されるようになったのか、「道徳の起源」「道徳の内容が時代によって変化し、階級によって差異を呈すること」についての理解が欠けていることを堺は批判した。

河上がこの堺の批判にこたえたのが、同年七月の「可変の道徳と不変の道徳」である。かれはこの論文で、堺の批判を部分的に受けいれ、道徳が歴史とともに変化することを承認すると同時に、しかもその変化する道徳の根底に、時代をこえた不変の道徳が確乎として存在しているはずだという主張はゆずろうとしなかった。かれは『資本論』の可変資本と不変資本という概念を援用して、つぎのように主張している。

いましばらくかれ（マルクス）の用語にならうならば、道徳に可変の道徳ありまた不変の道徳ありと言いえらるる。われわれは相対可変の道徳が現象の世界に進化してゆくをみると同時に、絶対不変の道徳が六合《りくごう》にわたって永劫に実在するを信ずる。

河上はこの論文の末尾で、「不変永劫絶対の真を信ずることが私の『病』であるならば、私はとうていこの病より離るることができぬ」と言いきっている。

心的改造から物的改造へ

しかし不変道徳にたいする信念は維持しながらも、河上は『貧乏物語』におけるような、個人の道徳性への過度の期待は徐々にあらためていった。『貧乏物語』の絶版はその最初の現れであるが、一九二〇年にも、二〇版を重ねた『社会問題管見』（一九一八年刊）を絶版にし、内容を全面的に入れかえた改訂版を刊行している。

そしてこの年、櫛田の批判にこたえた「人間の自己瞞着性」（九月）は、人間の主観がいかに自己瞞着的なものであるかを論じたものであり、「心的改造と物的改造」（一九二一年三月）になると、かれは相当明確に、物的改造を支持する立場を打ちだしている。

かれはこの論文の冒頭で、これまでの自分の立場をふり返り、「その後だんだん悟るところがあって、この種の人心改造論には、あまり重きをおかなくなった」と述べ、その理由を二つあげている。一つは、心的改造論が机上の空論であって、じっさいに実行しようとすると、たちどころに行詰ってしまうのだが、それを唱える人の態度が真面目であるだけに、その弱点が覆いかくされてしまうこと、もう一つは、その人が「意志の力の強い特殊の人間」で、個人的には理論どおりの理想生活を実現できたとしても、「解決されたのはひっきょう一人の問題で、世界がそのために救わるるわけではない」ことである。

では心的改造はもはや不用になったのか。河上は禁酒問題を例にして、国をあげて禁酒を実現するためには国法による強制が必要だが、もし強制される国民の側に、これを受けいれる心の用意が

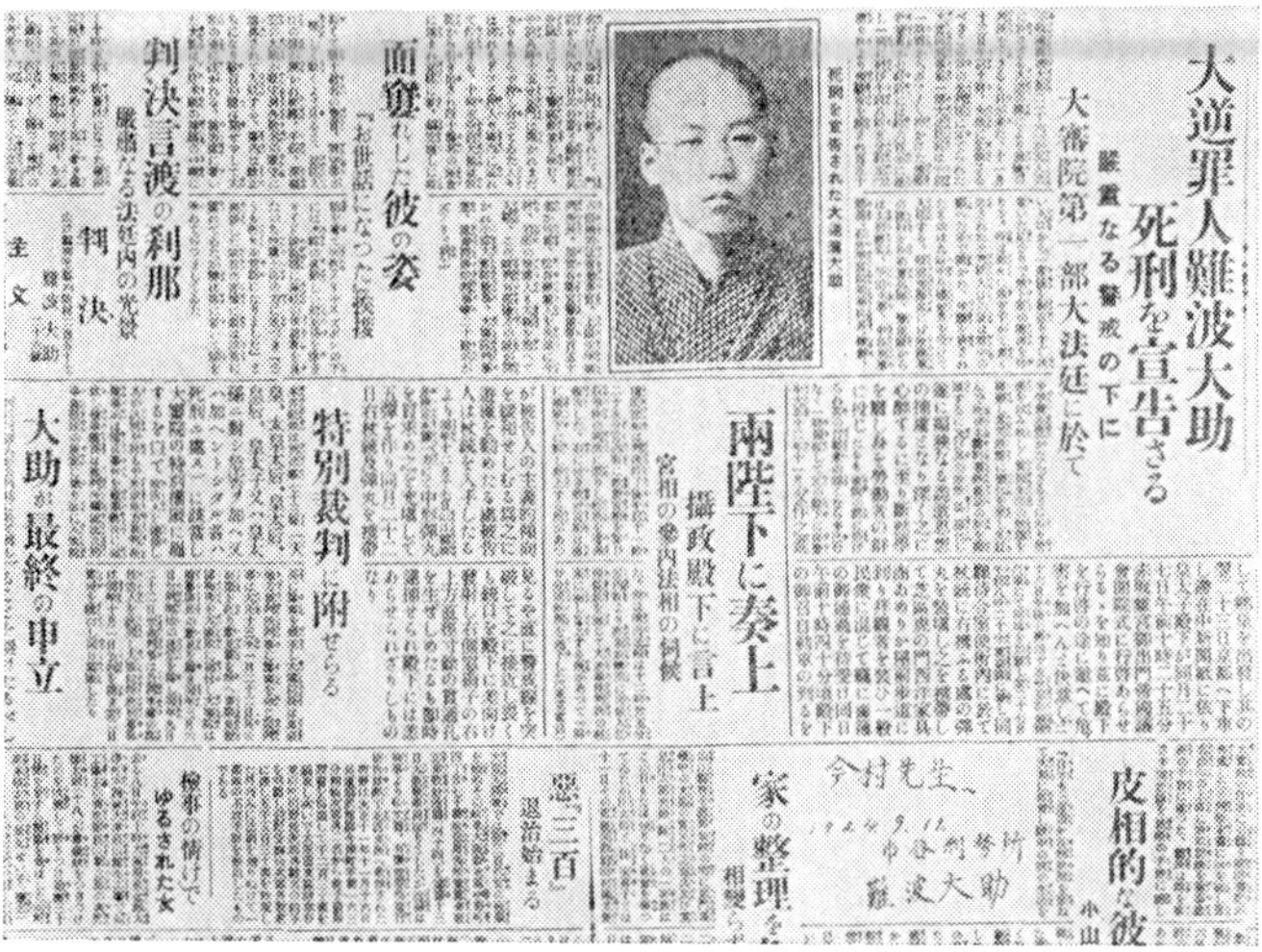

大逆罪人難波大助
死刑を宣告さる
大審院第一部大法廷に於て
厳重なる警戒の下に
兩陛下に奏上
攝政殿下に言上
面變りした彼の姿
「お世話になった」挨拶
判決言渡の刹那
厳粛なる法廷内の光景
判決
主文
特別裁判に附せる
大助が最終の申立
皮相的な彼
家の整理
悪「三百」
退治始まる
檢事の情けで
ゆるされた女

虎の門事件の記事

なければ、禁酒のたんなる強制はかならず反発をまねき、混乱をひきおこすことになるだろうとして、「私はいま、かかる意味において、心的改造は強制的改造の前提であり、またかかる意味においてのみ、心的改造の提唱に価値あることを、承認せんとする者である」と述べている。

河上は心的改造と物的改造の関係の問題をまだ理論的には処理することに成功していない。しかし現実的ないし感覚的には、物的改造を重視する境地に到達することができた。それで問題は解決したと考えた河上は、これ以後、社会変革の問題に考察の重点を移していった。一九二二年一二月刊行の論文集『社会組織と社会革命に関する若干の考察』はこの現れである。そこに収録された諸論文のなかで、最初に書かれたのが、「断片」(一九二一年四月)である。この「断片」は、それを掲載した『改造』がただちに発禁となり、またこれを読んだ難波大助が皇太子狙撃の決心を固めたともいわれる、エピソードの多い文章である。それは河上としては最初の「安寧秩序を妨害する」文章であった。

難波大助のこの事件(虎の門事件)は一九二三(大正一二)年一二月におこっており、公判においても所信をかえなかったために、かれは死刑に処せられた。難波大助については河上が「随筆『断片』」(『自叙伝』五)にくわしく記している。

「直接行動論」への共感

「断片」はKなる人物の遺稿をめぐって、Kの友人SとBとが対話をかわすという形式をとっており、Kは幸徳秋水、Sは堺利彦、Bは馬場孤《こ》蝶《ちょう》であろうなどという推測を生んだ。河上は三つのイニシャルを「まったくでたらめにえらんだ」にすぎないというのであるが、しかし河上のえらび方にもたしかに思わせぶりなところがあった。Kは文中でつぎのように描かれている。

かれはけっして無抵抗主義の信者ではなかった。したがって場合によっては暴力をも是認していた。是認していたというよりも、一定の場合は、われわれがそれを是認するといなとにかかわらず、現実の事実として、暴力の爆発をみるにいたるものだ、ということを考えていた。しかしできうるかぎり暴力の作用にまたずして歴史を進行させたいというのが、かれのもっとも熱心なる希望であった。

この説明は直接行動論に傾いた幸徳の心境をほぼ正確に言いあてているのであるから、Kと幸徳を結びつけるような推測が生まれるのは当然であった。河上自身もそれは意識していたのではあるまいか。

ところで問題は、そのあとに出てくるSの発言である。それは一九〇五年のロシアにおける「血の日曜日」事件についてのものだが、つぎのように主張されている。

今の日本には「直接行動反対」「暴力否認」というモットーをかかげている労働運動のリーダアがあるが、そういう連中でも、一九〇五年一月のペトログラードへ連れていったとしてみたまえ、どう変説したかわかったものではない。なんらの抵抗力をもたぬがごとく見える気体でも、一室に密閉して圧力を加えてみたまえ、ある程度に達すると、どんなに厚い鉄の壁でも、必ず打ち破って出てくる。……それは必然の天則だから、いかにツァーの権力が強大であったからとて、この自然の法則を抑えるわけにはいかなかったのだ。

これはあくまでSの意見であるし、仮定の話であって、河上の意見ではない。しかし河上がKやSの意見に相当程度にまで同調的になっていた現れと考えることは許されるであろう。

マルクス主義のラッパ手

河上はほぼこの段階で、主観的には人道主義を克服し、マルクス主義の立場に立つことができたと考えた。かれはマルクスの『賃労働と資本』（一九一九年）『労賃、価格及び利潤』（一九二一年）を訳出し、『近世経済思想論』（一九二〇年）『唯物史観研究』（一九二一年）『唯物史観の略解』（一九二三年）『資本主義経済学の史的発展』（一九二三年）などの著作をつぎつぎに刊行した。とくにさいごのものは、河上の過去数年間にわたる経済史研究の成果を一冊にまとめたもので、六百ページをこす大著であった。河上の意気は軒昂《けんこう》たるものがあった。河上は『自叙伝』のなかで当時を回想してつぎのように記している。

もし私がその間、当時の思想界にたいし、なんらかの貢献をなしえたとするならば、それはマルクス主義というものの存在を宣伝した点に存するであろう。すでに相当数にのぼっていた官立の大学教授のなかで、私のように——たといいくたの見当違いをしていても、ともかく——マルクス主義のなかに真理性を認め、これを擁護しようという立場に立っていた者は、マルクス主義の全盛期が到来するまでは、私のほかに一人もいなかった、といって差支えあるまい。その間にあって、私はともかくラッパを吹いて、若い人たちの注意をマルクス主義にひき寄せたのである。（「徐々に辿ったマルクス主義への道」）

これは晩年の回想であるから、自己のマルクス主義理解の誤りを認めたうえで書いているので、多少控えめになっているが、当時はマルクス主義の信奉者をもって自認していたのであるから、その意気がどれほどあがっていたかも想像できる。かれは別のところで「当時優秀な学生が多勢京都に集まってきたのは、私が京大に在職したためである」とも書いている（「荒木寅三郎の頭」）。じじつ河上の言葉どおり、社会科学に興味をもつ学生が京大にあつまり、その結果、治安維持法によるさいしょの学生運動弾圧は京大生に加えられたのである（京都学連事件）。このころになると河上は、「その筋から、大学教授中の『危険思想家の巨頭』だと極印つけられ、いつ問題にされるかしれない状態になっていた」と記している（「随筆『断片』」）。

二、新たなる旅立ち

再出発への決意

一九二四（大正一三）年六月、河上は有名なつぎの歌を詠んでいる。

旅の塵《ちり》はらひもあへぬ我ながらまた新たなる旅に立つ哉《かな》

かれはこの年四月、経済学部長にえらばれているが、健康を害したために辞任、六月に和歌浦に転地静養した。河上のこの歌は、この静養先で、マルクス主義への再出発を決意したときに詠んだものである。

これよりさき、二二年八月にヨーロッパ留学から帰った櫛田民蔵は、マルクス主義理解のうえで河上をリードするようになり、いっそうきびしい批判者となって現れた。河上が「櫛田民蔵君に送れる書簡についての思い出」のなかで、二二～二五年の手紙について、「私から櫛田君に教えを乞う態度を取ったものばかりである」と書いているのも、そのことを指している。櫛田の帰国後最初の論文「唯物史観の公式に於ける『生産』及び『生産方法』」で『唯物史観研究』を批判された河上は、一九二三年七月二五日付でつぎのような言いわけの手紙を出している。

私の『唯物史観研究』は『社会問題研究』の第一期に仕上げたもので、それから以後この史観についての考察を怠っていましたが、あなたからの批評を受けたのを機会に、またこの古い問題を考えなおしせんと思って、このせつはブハーリンを読んでおります。

しかしいっそう決定的な批判は、かれの年来の研究の集大成である『資本主義経済学の史的発展』にたいしてなされた。河上はその時期を明らかにしていないが、櫛田から口頭でつぎのような批判をされたという。

1924年の河上肇

河上は約二十年前に『社会主義評論』を著わしてまもなくこれを絶版に附し、また約十年前には『貧乏物語』を著わしこれもまたまもなく絶版に附したが、自分の考えでは、絶版にされたのは有形の著書だけで、『社会主義評論』の著者『貧乏物語』の著者は依然としてそのままに生きており、それらの著書に現われていた思想そのものはかつて絶版に附せられたことなく、いままた六百余ページの大冊よりなる『資本主義経済学の史的発展』となって現われた。（「マルクス価値概念に関する一考察」）

この櫛田の河上批判を論文の形で全面的に展開したのが、一九二四年七月号の『改造』に発表された「社会主義は闇に面するか光に面するか——河上博士著『資本主義経済学の史的発展』に関する一感想」である。河上はこの手きびしい批判に接して「一本参った」と感じたという。しかし同時に、「これから一つ出なおして、是が非でもマルクス主義の真髄を把握してやろう」と決意をかためたのであった。本節の冒頭に引いた歌はこのような心境を詠んだものである。晩年の河上はそのころの自分をつぎのように回想している。

当時私が、櫛田君の論文の載った『改造』をまだ手にしない以前に、櫛田君の口頭または手紙による批判だけで、はやくも「新たなる旅」の門出をせねばならぬと決心するほど、心に異常の発憤をおぼえたものかと思うと、……私は何だか当年の自分をいたわしいような、また勇ましいような、姿において振りかえる。（「大正十三年頃に始めた経済学から哲学への新たなる旅」）

苦境に立つ

この櫛田の批判から数ヵ月おくれて、さらに追打ちをかけるように福本和夫の批判がつづいた。それは一九二四年一二月の「経済学批判のうちに於けるマルクスの『資本論』の範囲を論ず」を皮切りに、「唯物史観の構成過程——唯物史観研究方法の過程」（一九二五年二月）「経験批判主義の批判」（同三月）というように、執拗なまでにつづいた。そして一九二五年一一月、京大学友会から招かれた福本は、河上の本拠地京大にのりこんで、二日間にわたり「社会の構成並に変革の過程」と題する講演を行い、河上を痛烈に批判した。この講演を契機に学内における学生の河上批判は急速に強まったといわれる。

このころのことであろう、社会科学研究会総会の席上で、岩田義道が学生を代表して、河上にたいしつぎのような趣旨の訣別の挨拶をしたという。

われわれは河上先生の懇切な導びきによって、正しい道をすすむことを教えられた。そしてようやく自らマルクス主義の旗のもとに隊伍をととのえることができるようになった。ところが今、われわれの前途には大きな激流が横たわっている。われわれは今からスクラムを組んでこの激流にとび込み、大胆にわたってゆかねばならない。この案内を老先生に期待することはできない。先生にはこの岸にまだ仕事もあるようだ。だからわれわれは、ここでいったん先生におわかれしようと思う。……先生には、われわれの前途を見まもり、たえず声援を与えていただきたい。（『回想の河上肇』所収、長谷川博、田代文久「真のコンミュニスト・河上博士」）

社会科学研究会は前年（一九二四年）の五月、伍民会（民衆と隊伍を組むという意）を改組してつくられた学生組織である。河上が荒木総長から懇望されて顧問になるのは、このあと、京都学連事件がおきてからであるから、河上はまだ社研と直接の関係はなかったのであろうが、しかし京大で社

三高の社研の生徒とともに

研に集まるほどの学生は、いずれも河上の思想的影響を受けていたし、とくに岩田は河上が「もっとも懇意にしかつもっとも愛してきた若者」であった。その岩田から、学生の意志を代表してこのような挨拶を受けたことは、河上にとってやりきれないほどの思いであったろう。「河上さんは目をうるませていたが、回答は何もされなかった」と長谷川は記している。河上は当時のことを『自叙伝』でつぎのように書いている。

どんなに周囲でワイワイ騒いでも自分が肚《はら》の底から納得しなければ追随することのできない性質をもっている私は、いくら虚心になってみたところで、若い学生たちにいっしょになって、かかる福本イズムを謳歌するわけにはゆかなかった。自然、この期間を通じて、私は学生たちの社会科学運動と、思想的にも実践的にもまったく無縁なものとして取り残されていた。
(「荒木寅三郎の頭」)

マルクス主義の「ラッパ手」として多くの学生たちを惹《ひ》きつけてきた河上は、それゆえにいま、福本イズムの風靡《ふうび》する左翼学生のなかで、苦境に立たされていた。かれの「新たなる旅」はこうした苦しい状況のなかでつづけられたのである。

経済学から哲学へ

河上は一九二五（大正一四）年二月に櫛田の批判にこたえた論文「マルクスの価値概念に関する一考察」を、つぎのように書きおこしている。

友人櫛田民蔵氏の鋭敏なる臭覚に私はいつも驚かされる。氏は私のあらゆる論著において空想的人道主義の臭をかぐ。（ちかごろ氏の公にされた私の論著にたいする批評文に接したとき、これは私の気質の欠陥にもとづく問題ではないかと思って、さいしょは悲観したが、よく考えてみると、それはすべて私の勉強のたりないためであり、ことに唯物史観にたいする理解の膚浅《ふせん》なためであることが分かり、それならまだいくらでも救済の見込みがあるという気になって、今はみずから楽観しつつ、ここにこの筆をとる。）

かつて堺利彦の批判を受けたときには、「不変永劫絶対の真を信ずることが私の『病』であるならば、私はとうていこの病より離るることができぬ」と、開きなおりともとれる発言をしていた河上が、ここでは「気質の欠陥」ではなく、唯物史観にたいする理解の問題だと受けとめている。そしてこの弱点を克服するために「マルクス主義の哲学的基礎」の勉強に取りくみはじめた。福本が京大で講演した翌日、河上を訪ねた宮川実は、河上が「自分は福本君の理論に誤りがあると思うが、自分の現在の知識ではそれを批判するのに不十分である、自分は哲学を根本から勉強しなおしたい」と話していたことを伝えている。(『回想の河上肇』所収、宮川実「学者としての河上先生」)

河上が哲学研究の必要を感じはじめたのはもう少し早く、一九二〇年ごろにさかのぼる。しかしもともと哲学が苦手だったらしい河上のこのときのせっかくの発心は実を結ばなかった。かれはこの年の六月に、櫛田宛の手紙でつぎのように書いている。河上の「マルクスもカントも」という主張があまり批判されるので、カントの勉強をしてみようと考えたのであろう。

若い者どもがカントカントいうのでしゃくにさわりますから、この休みにカントを読むつもりで昨日ごろから、『理性批判』の方を見かけましたが、えらいむつかしいものですね。……食わなければ生きてゆかれない、そこでみなが楽に食えるようにしようというのに、カントの哲学もヘーゲルの哲学も必要はあるまいと考えます。飯を食うのに哲学がいるようではわれわれはその哲学を理解せぬまえに死んでしまいます。

河上がここに書いていることにも一理はあるのであるが、だからといって哲学をまったく放棄してしまったのでは、マルクス主義を理論的に理解することはできない。かれはそのことを一九二四、五年ごろになって思いしらされたことになる。

河上が「西田幾多郎博士の講義によく傍聴に出かけた」といわれるのは、いつごろのことであろうか。『エコノミスト』の匿名《とくめい》記者はそれを『唯物史観の略解』（一九二二年）のころとしており、それを引用した河上もとくに訂正してはいないので、一九二二年ごろにも西田の講義を受けたことがあったのかもしれない（「私に対する批評の様々（その二）」）。しかし末川博はつぎのように書いている。

弁証法哲学の講義を受ける

弁証法ということが、やかましくいわれ出したときのことである。当時学生だった岩田義道などが唯物弁証法の研究を始めて、河上のところへその研究の必要を力づよく説きたててきた。まず観念論的な弁証法のことを知らねば唯物弁証法の研究もすすめにくい。そこで当時の社会科学研究会の諸君と話しあって西田先生をわずらわし大学の教室をかりうけ弁証法の講義をしてもらうことになった。（西田）先生がいかにも熱心にじゅんじゅんと説かれた姿と、それを学生たちといっしょになって熱心に聞いていた河上の顔つきとは今もなおハッキリと私の脳裡にきざみこまれている。（「平和のちかい」『末川博随想全集』第九巻所収）

学生の岩田義道が河上の世話で「マルクスの弁証法についての一考察」を『我等』に発表したのが二五年九月であり、社会科学研究会の発足は二四年五月であるから、末川の書いている場面は、二四、五年ごろ「新たなる旅」を決意してまもないころといえようか。河上の哲学研究はなかなかはかどらなかったらしいが、このあと二六年暮には、西田の推せんで、三木清の助言を受けることになり、『ドイツ・イデオロギー』の研究会などをもっている。

三木清は京大哲学科はじまって以来の「空前の秀才」といわれ、この前年、三年間の留学をおえて帰国したばかりであった。二七年には法政大学教授として赴任「人間学のマルクス的形態」以下の諸論文をつぎつぎと発表して、思想界に新風を吹きこんだ哲学者である。当時、マルクス主義の哲学的理解がたちおくれていた段階に、三木の果たした役割は大きかった。しかしかれ自身はマルクス主義者ではなく、その理解の仕方にも人間学的なところがあったから、やがて三〇年ごろから批判を受けた。

河上はこのような哲学研究と平行して、唯物史観についての研究もふかめ、二七年に入って「唯物史観に関する自己清算」を開始することになる。

カール・マルクス

唯物史観の定式

唯物史観についての理解の不足に気づいた河上は、存在と意識の関係という、マルクス主義のもっとも根本的な問題に、真正面から取りくむことになる。河上の議論は『経済学批判』序言にある、マルクスの有名な定式——マルクスが「私の研究にとってみちびきの糸となった一般的結論」と名づけた――をめぐって展開されるので、少し長くなるが、ここにまずその部分を『マルクス・エンゲルス全集』の訳文で引用しておこう。

人間は、彼らの生活の社会的生産において、一定の、必然的な、彼らの意志から独立した諸関係に、すなわち、彼らの物質的生産諸力の一定の発展段階に対応する生産諸関係にはいる。これらの生産諸関係の総体は、社会の経済的構造を形成する。これが実在的土台であり、その上に一つの法律的および政治的上部構造がそびえ立ち、そしてそれに一定の社会的意識形態が対応する。物質的生活の生産様式が、社会的、政治的および精神的生産過程一般を制約する。人間の意識が彼らの存在を規定するのではなく、彼らの社会的存在が彼らの意識を規定するのである。

社会の物質的生産諸力は、その発展のある段階で、それらがそれまでその内部で運動してきた既存の生産諸関係と、あるいはそれの法律的表現にすぎないものである所有諸関係と矛盾するようになる。これらの諸関係は、生産諸力の発展諸形態からその桎梏《しっこく》に一変する。そのときに社会革命の時期が始まる。経済的基礎の変化とともに、巨大な上部構造全体が、あるいは徐徐に、あるいは急激にくつがえる。このような諸変革の考察にあたっては、経済的諸条件における物質的な、自然科学的に正確に確認できる変革と、それで人間がこの衝突を意識するようになり、これとたたかって結着をつけるところの法律的な、政治的な、宗教的な、芸術的または哲学的な諸形態、簡単にいえばイデオロギー諸形態とをつねに区別しなければならない。

唯物論に対する誤解

河上は「新たなる旅」への出立を決意した一九二四年の九月に「唯物史観と因果関係」という論文を発表している。これは河上がまだ本格的な検討にはいるまえの「さいごの迷い」と名づけた論文であるが、かれの「自己清算」への出発点を確認するために、かんたんにみておこう。

河上はマルクスの定式における生産力と生産関係との関係、およびこの実在的土台と社会的意識形態との関係、という二つの関係のあり方について、それがどういう性格のものかを問題にしている。そのさいかれは、当時石原純によって紹介されたエルンスト・マッハの見解をかりて、「もし物質現象において因果関係を求むることが本来不可能であるなれば、唯物史観的に社会現象を観察せんとする場合に、そこに因果関係を求めんとすることもまた同様に不可能でなければならぬ」と主張して、そこに因果関係をみる立場を「ただに無用であるのみならず、むしろ有害」であるときめつけている。

マルクスの定式では、「対応する」という言い方の少しあとに、「制約する」「規定する」という表現が用いられていることからも明らかなように、そこに述べられているのは、生産力が生産関係を規定し、存在が意識を規定するのだ、という唯物論の根本立場なのであるが、因果関係という言葉にこだわった河上は、「前後の用語が変えられてあるのは、ただ同じ言葉の重複を避けただけで、別に深い意味があるものではなかろう」という解釈を与えて、ここを見過ごしてしまった。

こうして河上は、因果関係のかわりに相関関係という用語を持ちだして、マルクスのこの定式の意味を、たんなる「相関関係の布置《ふち》」を述べただけのものに相対化しようと試みた。たんなる相関関係ということになれば、唯物史観の唯物史観たる所以は失われてしまう。河上がこのように考えたのは、もし因果関係を認めれば、人間の意識の能動的な役割が入りこむ余地がなくなると考えたからであろう。たしかに、意識の能動性を否定することは、社会変革を主張するマルクス主義にとって自殺行為に等しいし、これまで一貫して人間の意識的な働きかけを重視してきた河上には承認しがたいものである。しかし、だからといって、たんなる相関関係にしてしまってよいはずがない。そこに根本的な誤解があった。これが河上の出発点の理解である。

社会的意識形態論

しかしこの論文を「さいごの迷い」として検討にのり出した河上は、一九二六年一月に「マルクスの謂《いわ》ゆる社会的意識形態について」を、さらに翌年一月に「再びマルクスの社会的意識形態について」を発表して、櫛田や福本の批判にこたえた。

第一の論文では、さきの「唯物史観と因果関係」における因果関係か相関関係かといった議論はすでに撤回され、マルクスの真意が「存在が意識を規定する」ことにあることを前提にするところから議論を出発させている。そのうえで河上は、社会的意識形態が土台に「対応する」とはどういうことか、またこの社会的意識形態と、定式後段に出てくるイデオロギー諸形態とはいかなる関係にあるのかを問題にしている。

当時福本はこの点について、社会の経済的構造がまず土台としてあり、そのうえに法律的、政治的な上部構造があり、さらにそのうえに社会的意識形態がそびえ立つのだという三層構造を主張していた。これにたいし河上はつぎのような批判を加えた。

私の見るところによれば、社会的意識形態のあるものは、（私はかりにそのあるものを経済的意識形態と名づける）現実の土台たる社会の経済的構造と分離すべからざる連絡をもつ。それは土台のなかに織りこまれている。この土台の上に、まず法律的および政治的の上層建築が立ち、さらにその上に、第二の上層建築として――したがって土台からはかなり懸けはなれた空中に――経済的意識形態がそびえているわけではない。

「存在が意識を規定する」とはいっても、その規定の仕方はいろいろあるし、したがって意識にもさまざまな段階がある。河上はその点に注目して、「社会的意識形態のあるものは土台のなかに織りこまれている」のだという言いかたで、その区別を主張し、福本の機械的な、公式主義的な解釈をしりぞけたのである。さらに河上は明治維新を例として、社会的意識形態とイデオロギー諸形態との区別を主張した。明治維新は「尊皇攘夷という政治的または宗教的な観念形態」のもとに行われたが、しかしマルクス主義は歴史を、当時の生産関係と、そこに直接織りこまれている経済的意識形態とから説明するのであり、尊皇攘夷といった観念形態（イデオロギー形態）と経済的意識形態とは区別されなければならないと主張している。

この河上の主張にたいしては、当然福本からはげしい批判、というより非難がかえってきた。第二論文はこの批判にこたえたものである。この論文を読むと、第一論文以後の一年間に、河上がマルクスの『ドイツ・イデオロギー』やドイツの理論家コルシュの『マルキシズムと哲学』などを読み、おおいに自信をつよめているのがわかる。

第二論文の新しい論点は、かれがマルクスの定式における社会的意識形態とイデオロギー形態という用語の区別を拠りどころに、経済的意識形態と経済学的意識形態を区別する必要のあることを前面に押しだしてきたことであろう。ドイツ語などが出てきて、ちょっとなじみにくいかもしれないが、河上がマルクスの定式のなかに、何を読みとろうとしていたか、だいじなところなので引いておこう。

かかる経済的意識形態――これらの Vorstellungen（表象）――を Begriffe（概念）に verarbeiten（仕上げる）することは、われらの日常生活の仕事ではなく、それは意識的に意識自体を整理する科学の任務であり、マルクスの経済学批判はすなわちそのことを仕遂げたのである。そうして、労働者がかかる科学的理論の影響によって、「商品生産の関係内に囚われている者」たることを止めるならば、その瞬間から、かれはかれの常識を学的意識に置きかえるのである。

さいごの「自己清算」

社会的意識形態についての第一論文を発表したあと、三木清らと『ドイツ・イデオロギー』の研究会をもつかたわら、マルクスの「フォイエルバッハ・テーゼ」やデボーリンの『レーニンの弁証法』を訳出した河上は、第二論文を発表した翌月（二七年二月）から、二八年一二月にかけて、一〇回にわたって「唯物史観に関する自己清算」を連載し、いよいよさいごの理論的仕上げに入った。

河上の自己清算の哲学的拠りどころは、はじめのうちは三木清の人間学的解釈であった。しかし第三回と第四回のあいだの時期に、レーニンの『唯物論と経験批判論』を入手した河上は、これ以降、このレーニンやデボーリンに導かれて、急速に三木の影響から離れていった。『プロレタリア科学』が創刊されて、三木批判がおこるのは、二九年以降であるから、二七年のこの時点で、河上が独力で三木をのり越えることができたことは、さきの福本にたいする批判とともに、おおいに注目されるべきことである。河上は『自叙伝』のなかで、つぎのように書いている。

私は、ほぼ五十歳ごろに、（二八年に数え年五〇歳—山田）経済学の領域では、さいしょの出発点である純然たるブルジョア経済学から、その反対物たるマルクス主義経済学への、完全なる転化を実現し、哲学の領域では、宗教という神秘の霊霧に覆われた、さいしょの出発点たる唯心論から、その反対物たる徹底的な唯物論への、完全なる転化を実現したのである。（「大正十三年頃に始めた経済学から哲学への新たなる旅」）

「自己清算」は二七年八月の第七回でしばらく中断している。『資本論』翻訳の方に全力を投入したからである。というより、河上にとっては、「自己清算」の稿をつづけることより『資本論』翻訳の方が優先するようになったということであろう。そしてこれ以後、かれの理論的到達点を示す諸成果が、つぎつぎと刊行されている。まず二七年一〇月から二九年六月にかけて『資本論』が分冊の形で訳出された（第一巻だけに終わったが）。そしてそれに少しおくれて、平行する形で『資本論入門』が刊行されている（二八年四月〜二九年二月）。

マルクス主義者への転化

『資本論入門』は第一巻分の解説をまとめて、一九三二（昭和七）年に単行本として刊行されたが、ただちに発売を禁止された。河上はこの著作について、『自叙伝』でつぎのように書いている。

> この著書を公刊した当時の私は、すでに自分の年齢を超《こ》ゆるほどの数にのぼる著作を公にしていたが、その大半は発行後まもなく絶版にしてしまったほどで、安んじていつまでも世人の閲に供しうるものと自信していた著書は一つもなかった。ただ最後に仕上げたこの『資本論入

門』こそは、いくらか長き寿命を保って、しばらくは世用をなしうるであろうと、自信していたのに、私の著書のうちでは、かえってこの書のみが計らずももっとも薄命な運命を担った。

（「畑田君の出版業と『資本論入門』」）

二八年一〇月には『経済学大綱』が刊行された。その下篇「資本家的経済学の発展」は、かつての『資本主義経済学の史的発展』に多少の修正を加えたものであるが、その上篇「資本家的社会の解剖」は、二七年九月から二八年三月にかけての、京大におけるさいごの「経済原論」の講義ノートをまとめたものである。かれはこのとき、「マルクスの叙述をもって徹頭徹尾なんとしてもまったく抜きさしならぬものと考え、いよいよ思いきって講義の篇別から内容からすっかり『資本論』の解説そのものにしてしまった」のであった。かれが「たとい火にあぶられるとも、その学問的所信を曲げがたく感じている」と記したのは、この『経済学大綱』の序においてである。

二九年一二月には、二一年間住みなれた京都を離れる前夜に執筆された『マルクス主義経済学の基礎理論』が刊行されている。その下篇「マルクス主義経済学の出発点」は『資本論入門』がほとんどそのままの形で収録されたものであるが、上篇「マルクス主義の哲学的基礎」は、唯物論、弁証法、史的唯物論の三章から構成され、「マルクス主義経済学は、その哲学的基礎から離しては、これを正当に理解することが不可能」と考える立場から、河上がはじめて体系的にマルクス主義の哲学について述べたものである。

二九年三月から三〇年六月にかけて、一一回にわたって『改造』に連載された『第二貧乏物語』も、河上の到達点を示すものとして欠かすことはできない。

以上の諸著作において、河上はマルクス主義者に転化した。それは長い苦しい道のりであった。しかし河上が到達した理論の内容を紹介することは、本書の枠をこえる。関心のある読者は、河上のこれらの著作や、マルクス主義の文献そのものに直接当たってくれることを希望する。

第五章　理論から実践へ

理論から実践へ

はじめての演説

河上がマルクス主義者に転化しつつあった一九二七（昭和二）年暮から二八年にかけて、河上の身辺は急にあわただしくなりつつあった。当時の理論家をそろえて『マルクス主義講座』全一二巻が企画されたとき、河上はその監修者の一人に担ぎだされた。この講座の予約募集のパンフレットに、かれはつぎのような推せん文を寄せた。それはやがて京大辞職のときの理由の一つとされたものである。

私は真理の勝利の確信者である。人間の小知恵でいかに弥縫《びほう》しようとて、現実的なる事実は、われわれの意志、意図から独立して、あるがままに厳存する。与えられたる事実は、いかに自己の希望や予期や趣好に反しようとも、これを与えられたるがままに認識することのうちに、まさに科学者の任務は成りたつ。……私は、かかる信念のもとに、過去三十年にちかき学究生活をつづけて、……いまやついにマルキシズムの旗のもとに参加している。マルキシズムのみが、少なくとも私の専門とする領域にあっては、人間の意識から独立せる客観的真理の真の把握者であると信ずるからである。（「無産運動への接近」）

『マルクス主義講座』学術講演会で講演する河上肇

かれはこの『講座』のための学術講演会で講演するため、二七年暮に八年ぶりで上京している。かれはこのとき、「稀有《けう》難遭の時代」と題する短い原稿を用意して、それをゆっくり朗読したのだが、「東の空はすでに紅くなっている。夜はまもなく明けるであろう」というところまできたとき、臨監の警官によって中止を命ぜられた。それは河上にとって初めての経験であった。

ところで河上のこの上京には、かれの身辺を気づかった秀夫人が付添って上京している。というのも、これより少しまえ、赤尾敏が二六年の紀元節に創立した行動的な右翼団体建国会のものが、京都の河上の自宅に押しかけ、「赤化教授を排撃せよ」その他のビラを、所かまわずベタベタと貼りつけるという事件がおこっており、すでに「なんとなく不穏な空気が漂っていた」からである。

翌二八年一月には、第一回普通選挙に労働農民党から立候補した大山郁夫を応援するために、香川県に出かけている。演説を苦手とする河上は、「中止を命ぜられた瞬間、助け船にでも出逢ったような気がして、ほっと安心した」などとも書いているが、不当な解散命令に激昂した聴衆が警官と乱闘するのを、はじめて目撃したかれは「しばらく茫然として立ちすくんだ」と記している。

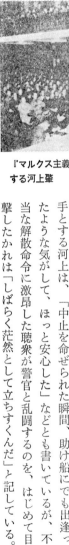

なお、家族関係におこったでき事も、ついでに触れておこう。かれを母親代りに育ててくれた祖母イハが二三年に亡くなったのにつづいて、二六年には長男政男、二七年には父忠がつぎつぎと亡くなっている。政男はかれにとって「ただ一人の男の子」であり、「少年のころから不治の病を心臓に得、たびたび大患を閲し、私の身にとって大きな負担となっていた愛児」であった。秀夫人が「あの児さえ生きていたら、とても牢屋などへお入りになるようにはならなかったでしょう」と何回も述懐したほど、政男の死は河上にとって大きな傷手であった。長男や祖母、父のあいつぐ死去は、深い悲しみとともに、かれに「身軽な思い」を味わせた。二五年には長女シズ子も結婚しているから、河上の身辺は秀夫人と次女芳子だけになり、急にひっそりとしたものになってしまった。

こうした内外の状況の変化するなかで、河上は一九二八（昭和三）年四月に京大を辞職することになるのであるが、その問題に入るまえに、当時の思想状況をかんたんにみておこう。

昭和初年の思想状況

第一次世界大戦後に各分野の社会運動がいっせいにおこり、恐慌や関東大震災があいつぐなかで、階級対立が尖鋭化していったことについては、すでに前章で述べた。一九二二年に非合法に結成された日本共産党は、山川イズムや福本イズムといった理論的混乱の時期をへて、二七年暮、新しい方針（二七年テーゼ）を確定し、大衆運動に乗りだそうとしていた。三・一五、（二八年）、四・一六（二九年）などのあいつぐ弾圧事件は、共産党の影響が労働者、農民のあいだに浸透するのを恐れた政府が、先手を打って行った弾圧であった。

河上の理論がきびしい批判にさらされなければならなかったのも、こうしたさし迫った時代が背景にあったからであり、河上がマルクス主義を理解するようになるにつれ、かれの存在そのものがいやおうなしに実践的意味をもたざるをえなかったのである。かれはつぎのように述べている。

私がやっとマルクス主義の哲学的基礎を理解しえて、唯心論から出発した私が完全に唯物論に辿りついたころは、……もはや私が大学教授として止まることができなくなった時でもあり、やがてまた、私がどうしても書斎にばかり閉じこもっていることのできなくなった時でもある。こんな風にさまざまの変化が時を同じうして一身の上に重なりあって簇生《そうせい》したということは、一見不思議のようだけれども、じつはけっして不思議なことでもなんでもなく、一連の事態は、みな、私がようやくマルクス主義者としてそのメタモルフォーゼ（変態）を完了しつつあったことの現われである。（「無産運動への接近」）

社会科学研究会

河上が京大を辞職することを求められたとき、荒木総長から示された理由は三つあった。第一はさきに触れた『マルクス主義講座』の広告用パンフレットに

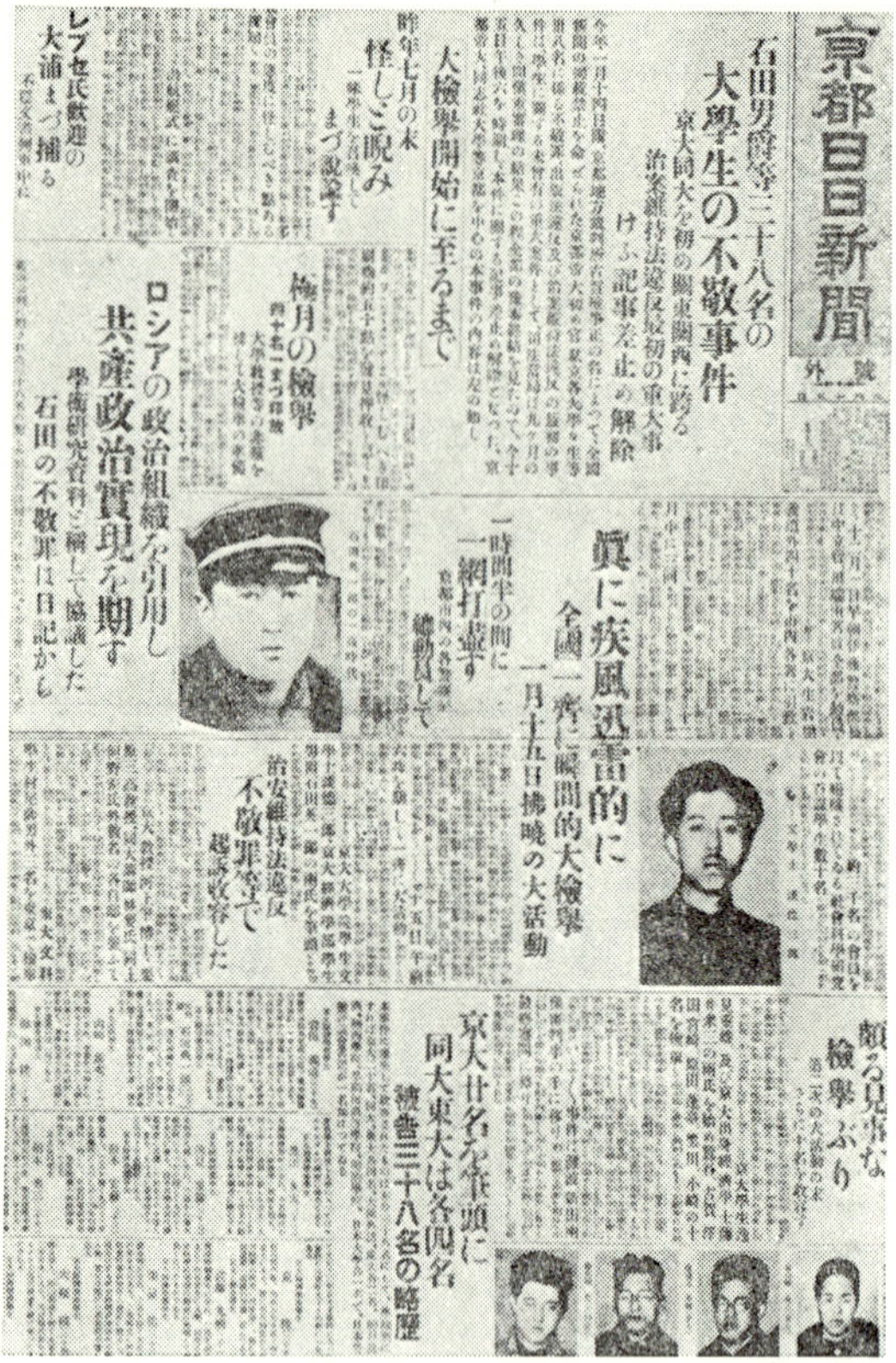
京都日日新聞
號外
石田男爵等三十八名の
大學生の不敬事件
京大同大を始め關東關西に跨る
治安維持法違反最初の重大事
けふ記事差止め解除
大檢擧開始に至るまで
昨年七月の末
怪しご睨み
まづ説諭す
レフセ氏歓迎の
大浦まづ捕る
ロシアの政治組織を引用し
共産政治實現を期す
學術研究資料ご稱して協議した
石田の不敬罪は日記から
極月の檢擧
眞に疾風迅雷的に
全國一齊に瞬間的大檢擧
一月十五日拂曉の大活動
一時間半の間に
一網打盡す
治安維持法違反
不敬罪等で
起訴收容した
頗る見事な
檢擧ぶり
京大廿名を筆頭に
同大東大は各四名
被告三十八名の略歴

学連事件を報ずる記事

寄せた河上の短文であり（一三〇ページ参照）、第二は香川県における大山郁夫応援演説である。そして第三が、河上が顧問をしていた社会科学研究会から、数名の不穏分子が出たという理由である。

京大に社会科学研究会がつくられたのは二四年五月である。このころ全国の大学、高専、高校に、つぎつぎと学生の社会科学研究会がつくられており、二四年九月には「学生社会科学連合会（学連）」が結成された。この学連を中心に軍事教練反対運動がもえあがり、二五年暮には京大生を中心とした三八名の学生が治安維持法違反に問われて起訴された（京都学連事件）。そして岡田良平文相（もと京大総長）は、学生、生徒の社会科学研究を禁止する通達を出している。

河上はこの学連事件のあおりを受けて、このとき家宅捜索を受けているが、しかしこのころはまだ、河上は社研と直接の関係はもっていない。むしろ、まえにも述べたように、福本イズムの影響を受けた学生たちは河上を批判し、河上から急速に離れていったのであった。しかし文部大臣の禁止通達が出されて放置しておくことができなくなった大学当局は、荒木総長が直接河上を呼んで、この社研の指導教授に就任することを依頼した。荒木はそのとき河上にむかって「いかなる責任をも負わさぬから」という条件で頼んだのだという。この総長の言葉を真に受けるほどの世間知らずとは思えないし、友人からも「よく考えてからにしろ」と忠告されているほどであるから、河上としても多少の迷いはあったのであろうが、現実問題として、河上をおいて適任者のいないことは、河上自身が十分承知していたのではあるまいか。河上は総長の依頼を承諾している。そしてこのことが、やがて河上辞職の理由の一つにされたのであった。

二八年三月一五日、いわゆる三・一五の弾圧が全国いっせいにおこり、千六百名の検挙者を出した。このなかには帝大系の学連関係者が多数含まれていたから、文部省は各大学にたいして、検挙学生の処分、社研の解散、そして左傾教授の処分というきびしい方針をとるように要求した。この結果、四月一七日に東大が新人会を解散させたのを皮切りに、京都、九州、東北の各帝大でも、社研がつぎつぎと解散を命じられている。そして河上の京大辞職につづき、東大の大森義太郎、九大の石浜知行、向坂逸郎、佐々弘雄らがそれぞれ大学を追われたのであった。

京大辞職

一九二八（昭和三）年四月一六日の午後、大学から河上の自宅に呼びだしの電話があった。研究室で総長と会見した河上は、さきの三つの理由で、文部省がかれの辞職を要求している事実を伝えられた。かれは「そんなことは問題にならないから、そういう理由でなら辞職はしない」と即答して別れた。しかし家に帰ると、そこに法学部の佐々木惣一と末川博が待っており、経済学部教授会がその日の午前中に、すでに辞職勧告の決議をしている事実を知らされた。そのことを一言も口にしなかった総長には不快を感じたが、しかしこの事実を知った河上は、こんどは「即座に辞職を決意」した。この進退の仕方にも、直情的な河上らしさが現れている。かれが辞職にさいして新聞記者団に発表した声明はつぎのように述べている。

以上のごとき諸事由（三つの理由）は、私の辞職を必要とする理由となりえないと私は考えるが、ただすでに教授会の正式の決議をへて総長から辞職の勧告を受けたのである以上、大学の一員として、大学の自治のため、私は総長及びみずからの属する学部の意思を尊重すべきであると認めたので、即日辞意を決するに至った次第である。（「京都帝国大学を去る」）

今日の考え方からすれば、河上があまりにあっさりと辞めてしまったことが意外に思えるかもしれない。教授会が決議したといっても、河上本人に開催の通知もせず、一言の弁明の機会も与えない教授会のやり方には、いくらでも抗議の方法はあったであろう。「大学の自治」を尊重するという言い方も、あまりにきれいごとのようにもみえる。しかし河上にしてみれば、文部省の三条件がなんら辞職の理由とするに当たらないことは明らかにしたうえで、一身の進退はいさぎよくしたいと考えたのであろう。辞職にあたっての声明は、さきの引用につづいた後段で、「学者は常識によって裁判さるべきでない」「誤れる常識と闘争しこれを打破してゆくことが新興科学の任務であり、したがってそれは当然に常識から反発される」ことを明確に指摘している。そのうえでかれは「静かに、淡々として」大学を去ったのであった。数日後に『京都大学新聞』に寄稿した「大学を辞するに臨みて」の一文は、冒頭で「私の最初に発する言葉は、その京都大学にたいする感謝の辞である」と記し、二〇年に及んだ京大生活を回顧して「じつに望外のしあわせ」「容易に得がたき人世の宝」であったと述べている。

東大の新人會
遂に解散さる
今朝評議員會の結果
直にその旨を聲明

京大の河上教授
辭表を提出す
荒木總長から辭職を勸告され
遂に詰腹を切らさる

諒解しかねる
辭職勸告の理由
教授會の決議を尊重して
自決の河上教授語る

文部省と大學に
確執はない

氣の毒だが
當然のこと

河上の京大辞職を報ずる記事

　ところでこの「大学を辞するに臨みて」の一文には、かれの当時の経済学研究についての考えが述べられているので、かいつまんで引用しておこう。

階級闘争が社会の表面に脅迫的な形態をもって現われる時代になると、経済学の自由なる科学的研究は、さまざまな敵に出逢わずにはいられない。私は幸か不幸か、このもっとも困難なる学問領域に身を置いたために、さいしょから特別の覚悟を必要だとされた。私はなによりもまず真理を念とせねばならぬことを固く心に誓った。天分の乏しきはいかんともしがたいが、ただ俗念のために自分の学説を少しでも左右することがあってはならぬと、この事をのみつねに心にかけた。だから、もし私の現在の学問的立場が常識的に大学教授たる地位に適さぬというならば、それは私からいうと、私がなんとかして大学教授たる責任を忠実に果たさんと努力した結果にほかならぬのである。

辞職後の心境

京大をやめた河上はほっと一息つくことができた。当時櫛田にあてた手紙には「荷をおろし峠の茶屋にひばりきく」の一句をしるし、「しばらく茶をすすって休みます」と書いていた。かれは一息いれたら『資本論』の研究に専念するつもりであった。かれは自分が「紙に字を書いて一生をすごす特殊の紙魚《しみ》」であることを自覚しており、「これからはずっと自分の書斎に落ちつき、終生の仕事として『資本論』の翻訳に没頭する」希望をもっていた。かれが京大を「淡々と」やめることができた最大の理由もここにあったのかもしれない。かれは一九二八年の六月に半年ぶりで『社会問題研究』八五号を発刊するさい、巻頭につぎのように書いている。

私は昨年（二七年）八月に本誌第八十三冊を公けにしてからまもなく『資本論』の邦訳に従事することになり、一時は余暇の全部をそれに捧げてもなお足らざるがごとくおぼえたので、年末に第八十四冊を公けにしたまま、今日まで久しく本誌の続刊を怠っていた。そして、ことによらば、これは永久に廃刊するのほかなかろうと考え、それもまたよいであろうという風に考えていた。しかるに私は、今年の四月に大学の教職を退くことになったので、このいわば私設の講座を継続する必要を感ずると同時に、またその余裕をも得た。ここにこれを再興するゆえんである。

私は別に『資本論入門』の続刊をも企てている。『資本論』の翻訳と、『入門』と『社会問題研究』との月々の刊行は、すでにそれだけで、微力の私にとっては十分の負担である。

京大を辞める頃の河上肇

しかしじっさいには、河上のこの希望はかなえられなかった。わずか半年後には、この静かな書斎生活に別れを告げねばならなかったからである。

書斎生活の終焉

河上は二八年の暮、労働者農民党創立大会に参加するため上京した。労働者農民党は三・一五事件の直後に解散された労働農民党に代わる組織として準備された無産政党である。かれはこの創立大会への参加をとくに勧誘されたわけではなく、自発的に「思案の末、ついに上京を決意した」のである。かれはこのときの心境を、エンゲルスがマルクスの『資本論』の遺稿を整理する仕事より、当面の実践運動を優先させたという事実を引いて、つぎのように説明している。

こう考えてくると、『資本論』の翻訳は、私にとってもっともふさわしい仕事であり、無産者運動の実践に関与するなどは、またいかにも不適当きわまる仕事であるということは、何人《なんびと》よりも自分自身にもっともよく分かっているにかかわらず、私は眼前の運動に眼をつぶって静かに書斎に閉じこもり、自分のもっとも好きな文筆の仕事に没頭する、という生活に安んずることができなかった。(「昭和三年末、静かなる書斎生活の終焉」)

このとき秀夫人から上京を思いとどまるように頼まれた河上は、「癇癪《かんしゃく》を破裂さして、怒鳴りつけた」という。かれはそのときの気持ちをつぎのように説明している。

労農党結成大会の日の河上肇
左から大山郁夫、河上肇、奥村甚之助、山本宣治。

この場合、私自身が出たくなくって困っていたのだ、出たくはないが、出なければならぬという義務感があって、それが私を押し出そうとしている、その力に押され押され、やっと奮発して立ったところなのだから、それを傍から止められると、じつに遣瀬《やるせ》ない気がして、始末ができなかったのである。

河上に怒鳴りつけられて泣きだした秀夫人の、そのときの泣き顔をいまも忘れることができないと、晩年になって河上は書いている。秀夫人としては、夫の身の危険を気づかうのは当然として、それ以上に、河上が実際運動には適さないこと、いちど始めたらどこまで行くかわからぬ一途《いちず》さを心配したのであろう。

新党結成大会はものものしい警戒のなかで開かれた。登壇する弁士はつぎつぎと中止を命ぜられ、その場で検束されていった。二日目に祝辞を述べた河上は「資本主義の社会が存立するかぎり、階級闘争は不可避的であり、必然的である云々」と話したところで、中止を命ぜられた。そして第三日目、大会は開会に先だって解散を命じられ、河上は幹部十数名とともに検挙された。それは河上が留置場に入れられた初めての経験であった。

このあと河上は、二九年二月にも、全国農民組合京都府連合会の大会で祝辞を述べて、検束されている。こうして河上の実践運動への第一歩が踏みだされた。

山宣との告別

一九二九（昭和四）年三月五日、旧労働農民党の代議士山本宣治が、東京神田の旅館で、七生義団に属する黒田保久二によって刺殺された。山宣はもともとクリスチャンで、生物学者として「人生のための科学」をめざすうちに、産児制限運動などを通じて無産運動に接近していった学者である。第一回普通選挙に、京都から立候補し、他の無産党代議士七名とともに当選した。労働農民党が解散を命ぜられて以後も、山宣は少しも退却せず、無産階級のために活動しつづけた。この日山宣は衆議院において、治安維持法改正緊急勅令の事後承諾案に反対するため演説する予定であった。しかし議会は山宣に発言の機会を与えないまま、議案を可決してしまった。山宣が黒田によって刺殺されたのはその当夜であった。

山本宣治については西口克己の小説『山宣』（青木文庫）がある。山宣が暗殺の前日大阪で開かれた全国農民組合大会の席上で述べたつぎの言葉は、山宣の墓石にきざまれている。

「山宣ひとり孤畳《こるい》を守る。だが私は淋しくない、背後には大衆が支持しているから。」

山宣の葬儀　壇上に坐っているのが大山郁夫、その下が河上肇。

河上は山宣ととくに「深い交際」があったわけではないが、かねて旧知の間柄であった。山宣が京都で立候補したときには、これを応援しているし、つい二〇日ほどまえに河上が京都・五条署に検束されたとき「もらい下げ」てくれたのも山宣であった。したがって河上はこの事件につよい衝撃を受けた。かれは凶報を聞くとただちに上京、本郷キリスト教青年会館でおこなわれた告別式に参列している。河上の「告別の辞」は初めの方の「断乎たる闘争の」という言葉を「発音した刹那《せつな》に」中止を命ぜられたが、かれの草稿によれば、それはつぎのようなものであった。

同志山本宣治のなきがらの前に立って、私はつつしんで告別の辞を述べる。

君の流された貴き血しおは、全国の同志に向かってさらに深刻なる覚悟をうながし、断乎たる闘争の決意を百倍にし千倍にした。君は何がゆえに、いかなる階級のために、いかにして殺されたかを、残された同志は、はっきりと意識しているからだ。われわれは君と別れることを深く惜むが、しかし君の死はけっして無益ではなく、また君の後につづく無数の同志がけっしてこれを無益にしないはずだ。私は同志の一人として、君が全運動のために献げられた貴き犠牲にたいし、ここに満腔《まんこう》の敬意と限りなき感謝の意を表せんとするものである。

この「告別の辞」は河上自身が山宣の遺志をつぐことを誓った、決意の表明である。「境遇からいっても、専門の学問からいっても」凶刃《きょうじん》にたおれなければならないほどの「行きがかり」のない山宣が、こうして殺された事実をまえにして、「どうしたって私はそれを雲烟過眼《うんえんかがん》するわけにいかなかった」。河上はこの事件がかれを無産運動に駆りたてるうえで「一つの有力な刺激となった」と述べている。

新党樹立運動

山宣の死後、二九年四月一六日にはふたたび四・一六の大弾圧があり、河上の家には護衛のための労働者や学生が泊りこむという、異常な事態がつづいた。そのころになると、「たんなる講演会ですら、ほとんど不可能になった」と河上は記している。六月一八日、東京青山会館で開かれた講演会に講師として招かれ、「資本主義社会の根本矛盾」と題する講演を予定していた河上は、会場に到達することもできずに、警官に追われて逃げかえらなければならなかった。かれはこうした事態を打開するために、山宣の遺志をつぐべく、新党樹立を思いたったのであった。そのときの心境をつぎのように書いている。

六月十八日の夜、大勢の警官に青山通りを追いまくられてから、京都に帰ってきた私は、これはどうしたものだろう、日一日とその活動範囲を狭められつつある左翼運動の現状は、はたして坐視していても差しつかえないものだろうかと、独りで考えはじめた。いまもっとも緊急な仕事は日本共産党の再建であるが、そうした非合法的な活動を直接に担当することは、自分たちには到底夢想することもできない。さればといって、いまのような闘争形態をとっていたのでは、合法場面においてすらわれわれはなんらの活動をもなすことができない。(「新労農党樹立の提案」)

このように判断した河上は、ただちに旧労農党の書記長細迫《ほそさこ》兼光に手紙を出して相談している。この河上の手紙だけがきっかけではあるまいが、細迫と旧委員長大山郁夫のあいだに話がまとまり、八月九日には「新党樹立の提案」という文書の発表となり、一一月一日に新労農党結成大会が開催される運びとなった。しかしこの新党の結成は、当時の複雑な情勢がからんで、共産党系の陣営からはげしく非難されることになったのであった。

無産政党運動

「無産政党」という言葉は、民政党、政友会などの既成政党にたいし、一九二〇年代にあらたに結成された社会民主主義政党を総称したものである。一九二二年に日本共産党が結成されたが、これは合法的に存在を認められた政党ではなく、またきびしい取締りを受けたから、二五年に普通選挙法が成立したのをきっかけに、合法的な単一の無産政党をつくろうという動きがおこった。しかし一二月一日に結成された農民労働党は結成わずか三時間後に解散を命じられるという状況が一方にあり、また共産党には山川イズム、福本イズムといった理論上の混乱もあって、この単一無産政党の試みは失敗におわり、労働農民党、日本労農党、社会民衆党、日本農民党の四党に分裂する形になった。

このうち労働農民党は非合法の共産党と連絡をもった最左翼の政党であったから、三・一五事件のあと解散を命じられた。河上が結成大会に参加して検束されたのは、この労働農民党に代わる「労働者農民党」の結成大会である。共産党はこの新党樹立が禁止された段階で、合法政党を結成する方針を断念し、「政治的自由獲得労農同盟」を組織する方針に切りかえた。合法政党をつくろうとすれば、さらに大幅な譲歩を強いられると考えたからである。

しかしこうした事情にまったく通じていなかった河上は、ひたすら合法舞台での活動の自由を確保するために、新労農党の結成を提案したのであった。それは共産党系の人びとからは「けしからぬ裏切者」として、きびしい攻撃を浴びることになった。そこには、当時の共産党を支配していた、性急なセクト主義も関係している。

あくまで自己の提案の正しさを確信していた河上は、これらの非難にたいして、「何故新労農党を支持するか」その他の文章を発表して反論した。そしていよいよ三〇年一月二日、新労農党の運動を助けるために、二一年間住みなれた京都から東京へと居を移したのであった。

新労農党解消の提唱

しかし上京した河上を待っていた新労農党の空気は、かれの期待していたものからは懸《か》けはなれた、冷たいものであった。もともと「共産党の拡大強化を目的とする一時の方便」として新党樹立を提案した河上と、新党の結成それ自体を目的として出発した主流とのあいだには、初めから根本的な意見の相違があった。かれは主流からみれば「警戒を要する邪魔物」であった。かれは「ひどくむつかしい袋路に追いこまれている自分」を見いだし、かれの生涯において「もっとも憂鬱だった時期」をすごすことになった。

一一月に結成したばかりの新党の内部から、翌年八月には早くも解消運動の火の手があがり、細迫書記長が除名されるという事態のなかで、河上は初めのうち組織改革の可能性を求めて諸提案を提出しているが、それらがすべて黙殺されると、一〇月二一日、ついに「労農党の発展的解消のために残された唯一の途としての戦闘的解体」と題する長文の論文を発表して、それ以後、精力的に解消運動を展開した。かれのそのときの決意はつぎのようなものであった。

火蓋《ひぶた》を切った私は、なおしばらく孤軍奮闘をつづけた。この勢いに乗じて私はいっきょに労農党をぶっ潰《つぶ》そうと思ったのである。一年ちかく党内で働いていた代りには、党外にいてはできないだけの破壊力を発揮せねばならぬ。それが私の義務である。その意味において、私は党の心臓部に落ちた爆弾たる役割を演ぜねばならず、場合によっては、そのために自分が大怪我をしても致しかたないと思った。(「労農党の解消運動」)

ここに書かれた河上の言葉はいかにもはげしい。その同一人物がわずか一年ばかりまえには、新党樹立を熱心に説いていたのだから、世間が呆気《あっけ》にとられたのも無理はない。河上の行動を外側からだけみると、無我愛運動のばあいと同じく、いかにも唐突で、人騒がせな振舞いにみえる。しかし河上の気持ちのうえでは、まことに首尾が一貫していた。それはこれまでもたびたび自著を絶版にし、自己清算をくり返してきた河上の生活信条を、そのまま実行に移したにすぎまい。ただ、その振幅があまりにはげしく広いため、(それは多分にかれの性格からきている)奇矯《ききょう》とみえるのであろう。

つかのまの平穏

新党樹立問題の苦《にが》い体験は、河上によほどこたえたとみえ、解消を決意した直後に羽村二喜男(長女シズ子の夫)にあてた手紙のなかで、つぎのように報じている。

私もいよいよ労農党から出ました。過日の拡大中央委員会では、もし出席していたら殴られたかもしれぬのでしたが、入口で検束されてかえって大仕合《おおしあわ》せいたしました。……まだ跡仕末について責任がありますので、もう一ケ月ぐらい新聞を続刊します。それをおえたら、今度はいっさい他との交渉をたち、残生を筆硯《ひっけん》についやす決心です。さいしょからその方針をとればよかったのですが、それでは私の良心が安まらず、引目《ひけめ》を感ぜざるをえなかったのですが、今度は安んじて書斎にとじこもりうることと存じます。……なににしても情勢が複雑で、私のような者にはとても手も足も出されぬものだということが、よく納得できました。書斎での仕事なら自信がありますし、間違いもたいしてせずにすむと思いますから、今度こそは落ちつきうると考えております。

河上は自分が実際運動に不向きな人間であることは、これまでも十分承知していた。新党樹立を提案するさいにも、細迫への手紙のなかで「実際運動にはきわめて迂遠《うえん》である」とことわり、細迫の判断をあおいだのであった。しかしそのときの河上の気持ちとしては、山宣が殺され、多くの活動家が検挙され、何かせずにはおれなかったのであろう。「良心が安まらず」とはそうした気持ちを述べたものである。それがかえって大きな混乱をひきおこす結果におわったことで、よほどこたえたのであろうが、その反面、これからは「安んじて」研究生活にもどれることで、ほっとしているのがうかがえる。

かれは周囲の人びとからも、そうするように忠告されていたらしい。義弟の大塚有章への手紙には「御忠言にしたがって他の領域へは手を出さぬように注意いたしましょう」と書いているし、獄中の佐野学、鍋山貞親といった共産党の「巨頭連」からも「『資本論』の翻訳と『資本論入門』の完成とを期待している」と励まされたと述べている。こうしてかれは、「余念なき日夜の労作、この頃くらい心の落着きを感じていることは、近来まれです」と書くほどの平穏をとりもどすことができた。

河上は東京・西大久保の偶居で、静かな学究生活にかえった。かれは三一年五月には『資本論』第一巻上冊を刊行し、引きつづき下冊の翻訳にとりかかることができた。

しかし、けっきょくはそれも「つかのまの平穏」にすぎなかった。労農党の解消論をとなえることによって、共産党の路線を支持する態度を表明した河上のもとへは、まもなく共産党の資金局から資金カンパの協力要請がくるようになった。共産党シンパ事件(一九三〇年)が示しているように、当時、共産党に資金を提供することは、それだけで治安維持法違反の罪に問われる危険をもっていた。しかし河上はこの申し入れを「即座に承知」した。河上にとって、それは疑問の余地のない、当然の義務と考えられたからである。

この頃には、大塚有章も銀行をやめて無産運動に専念するようになり、次女の芳子も津田英学塾を中途退学して、実践活動に入るため家を出ていった。そうしたなかで河上の書斎生活は「嵐の前のうす気味わるい静けさを思わせるような切迫感の漂う」ものにしだいに変質していった。

儚《はかな》かりし地下生活

一九三二（昭和七）年七月、河上は共産党の委嘱を受けて「日本に於ける情勢と日本共産党の任務に関するテーゼ（三二年テーゼ）」を翻訳した。それは共産党の中央機関紙『赤旗』に発表された。そのころ河上と共産党とのあいだのパイプ役をつとめていたのは大塚有章であった。大塚を通じて河上の共産党とのつながりはしだいに深まっていった。そして八月一二日、「この数日来、形勢がすこぶる不穏になってきた」「これからすぐに身を隠すように」という大塚の忠告にもとづいて、河上の「地下生活」が始まった。

地下生活第二日目の八月一三日、河上は共産党員に推せんされ、九月九日に正式に党籍を得た。このときかれは満五三歳になろうとしていた。かれは過去三〇年に及ぶ苦しかった真理探究の生涯をふりかえって、その感慨をつぎの歌に託して詠んだ。かれは「この一首の歌には五十四年にわたるいのちが集約されている」と書いている。

辿《たど》りつきふりかへりみれば山川を越えては越えて来つるものかな

共産党への入党を認められたことで、河上は「マルクス学者としての私は、今やっとマルクス主義者として自己を完成することができた」と考えた。しかし当時の共産党は、河上の考えていたほど実態のあるものではなくなっていた。結党以来の度重なる弾圧で、組織は壊滅的な打撃を受けており、組織再建をくり返す過程で中枢部にまでスパイが入りこみ、情報は当局に筒抜けであった。大塚有章もこの一〇月、スパイ松村の指導で銀行襲撃事件（大森ギャング事件）をひきおこし、追われる身となっている。このため河上は、地下に潜入して正式党員にはなったものの、なすところなく、ただ隠れ家を転々とするばかりであった。かれはその間の生活を「儚《はかな》かりし地下時代」として、くわしく『自叙伝』に書きつづっている。

三三年一月一二日、東京・中野にあった、画家椎名剛美の隠れ家にいるところを検挙されて、まる五カ月の地下生活はあっけなく終わりを告げた。銀行襲撃事件で逮捕された大塚が、河上の学者生命を考慮した結果、隠れ家を警察当局にあかしたからである。検挙にきた特高刑事が示した、大塚の河上宛の手紙には、つぎのようなことが書かれていたという。

自分が兄上の居所を漏《も》らしたことは、さぞさぞ意外千万とされたことであろう。そう思うと自分は苦しい。しかし自分はけっして死を厭ったわけではない。ただ数日来熟慮を重ねた結果、自分は兄上のために最善の考慮をついやしつくしたうえで、初めてこの挙に出たつもりである。自分はいまくわしい事実をここに書きたてる自由をもたないが、逮捕されてから始めて知ることのできた非常に意外な事実（スパイに組織を掌握されている事実をさすのであろう——山田）

があるということだけは申しておく。それは到底兄上の思いおよばれない事実であり、しかもわれわれの運命にとって致命的な事実であるが、それをここに書く自由をもたぬことを、この上もなく遺憾に思う。そういう意外な事実があるうえに、党はまた今まったく壊滅してしまっている。兄上の運命はじつに風前の燈火で、たといいま自分が死を賭して秘密を守ってみたところで、兄上はこれからさきただ無駄に難儀をみられるだけで、何一つ仕事をされる見通しはなく、しかも早晩いまよりはるかに悪い条件のもとで、今日と同じ運命に会われるにきまっている。……元来兄上をこうした場面に引きずりだしたのが間違いだったのだから、自分は兄上が一日も早くその最善最適のふるさとである書斎に復帰されて、その貴重な天分を発揮されることを希望してやまない。（「検挙」）

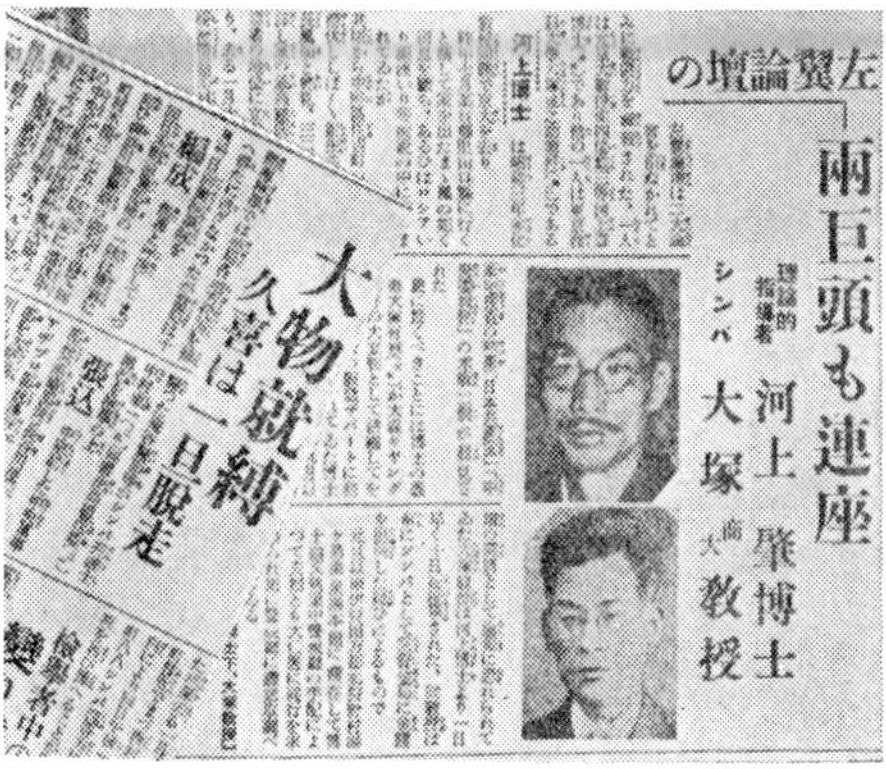
左翼論壇の
両巨頭も連座
理論的指導者 河上肇博士
シンパ 大塚商大教授

河上逮捕の記事

思想家としての魅力

河上の地下生活はあまりに「はかない」ものであった。そこに至る三〇年の道のりが、けわしくきびしいものであっただけに、それはあまりにあっけなく感ずる。そして河上ほどに顔の売れた、しかも特徴のある人物が、当時のような状況下で地下活動などできるはずもない。こうしたことから、河上のこの地下潜入――入党――検挙という一連の行動について、さまざまな見方が生まれる。そこにこそ「真の革命家」河上の本質があるとする好意的なものから、「第三の奇行」にすぎないとする悪評まで、じつにさまざまである。

しかし河上のこれらの行動を考える場合、だいじなことは、結果として現れた行動ではなく、河上がそこで何を考えていたかであろう。

思うに、もし当時の日本共産党がも少ししっかりしていたならば、たとい私がそうした覚悟をきめていたからとて、おそらく党は私のような者にたいして、そうした「必要」を仕向けてきはしなかったであろう。(「書斎の人となる」)

この文章は、かれが好きこのんで共産党に入ったわけではないことを示している。しかし自分が正しいと信じたマルクスの理論、そのマルクス主義を原理とする共産党が、自分の協力を必要としているとすれば、かれとしてどうすべきだったのであろう。自分には書斎の仕事があるからといって、断ればよかったのであろうか。私も心のどこかに、河上の『資本論』研究が中断されたことを残念に思う気持ちはある。しかし、かれが地下生活に入らなければ、かれの研究は完成されたのであろうか。そのような条件がありさえしたら、かれもそうしたかったであろう。地下にもぐるため

『資本論』翻訳を中断しなければならなくなったことについて、かれは「何事につけても思いきりのよい私が、こればかりはその後いつまでも諦めきれず云々」と書いているほどである。しかし、もし河上が、この研究生活を最優先させて、苦境に立つ共産党に協力の手をさしのべようともしなかったとしたら、そして河上がそういうことの平気でできる人間であれば、おそらく河上の学問の性格はもっと違ったものになり、思想家としての魅力も消えうせてしまったであろう。

問題はやはり、当時の状況が河上に、自由な研究を許さないところまできていたこと、さらに残念なことは、共産党がもはや組織としての機能を果たせないところまできていたこと、に求められるのであろう。そういう時代の条件を無視して、河上の行動の軌跡だけを取上げるのは、あまり意味のあることではない。

第六章　宗教論への傾斜

獄中における宗教論への傾斜

検挙後の河上

マルクス主義者としての河上の思想の発展は、一九二七〜八（昭和二〜三）年の「自己清算」をへて、ほぼ二九年ごろまでにその頂点に達している。そして三三年一月の検挙によってその公的生活をおえたのちは、四年余の獄中生活と、釈放後の隠退生活があるのみである。したがって、ふつうの思想家なら第五章までで本論部分は終わるのであるが、河上の場合には、この晩年に、科学的真理と宗教的真理の統一という重大問題を提起し、またかれの著作のなかでもっとも広く読まれている『自叙伝』が、かれの「メンタル・ヒストリー」を描いており、それらが数多くの河上論でたえず問題にされているという事情があって、河上の全体像を理解するためには、この時期は、これまで以上に重要な意味をもっている。

かれの獄中生活については『自叙伝』が第三巻と第四巻をあてて、くわしく書いているので、かれ自身の文章で直接読んでもらうとして、この章では、河上の晩年の思想を理解するうえで必要な、最小限の叙述にとどめることにする。

三三年一月一二日に検挙された河上は、ひとまず中野署に留置され、取調べの後、同月二七日から豊多摩刑務所に、六月二八日から市ヶ谷刑務所に収容された。当時は予審制度というものがあって、公判に付されるまえに、ここで取調べが行われた。治安維持法違反の罪名による第一回公判は八月一日に行われ、同八日に懲役五年の第一審判決がくだされている。河上は弁護士のすすめでいったんは控訴したものの、まもなくそれを取下げ、九月一五日に服役した。一〇月二〇日に小菅刑務所に移され、そこで三七年六月一五日に刑期を満了して出獄するまでを過ごしている。刑期が三年九ヵ月に短縮されたのは、三三年暮の皇太子誕生による恩赦のためで、翌年の紀元節の日に、他の五万人の服役者とともに、河上も減刑された。じつはこの恩赦とか仮釈放（服役者の刑期が三分の一〈無期懲役の場合は一〇年〉を経過して、改悛《かいしゅん》の情が顕著であると認められた場合に、出獄を認める制度）とかの制度が、服役者のまえにたえずちらつかされており、河上もこのためにしばしば動揺することになるのである。

保釈へのやみがたい希望

河上は豊多摩刑務所に収容されてまもなく、健康を害して病監に移された。しかし健康が回復するにつれて、「こうしてただ遊んでいるのはいかにももったいない」という考えが、徐々に頭をもたげてきた。『資本論』翻訳へのやみがたい情熱である。かれは、予審が終わっても公判はまだずっと先のことだと思いこんでいたから、その間に「保釈（まだ刑の確定しない段階に、一定の保釈金を条件に身柄を釈放すること）になる可能性」があると考えた。それは取調べの判事からも露骨にほのめかされていた。接見禁止のまま監房のなかに閉じこめられて、ひとたびこの考えに取りつかれた河上は、公判までの二、三年のあいだに「『資本論』の翻訳に全力を傾倒しつくしておけば、あとはどうなろうと、もう問題ではない」「ともかく保釈されて出ることが当面の急務だ」と考えるようになった。

四月一八日、予審終結の日、予審判事から「今後の生活方針」を尋ねられた河上は、「こちらの返答しだいで、かねてから予審判事の漏らしていた保釈の可能性がいよいよ現実化するであろう」と考えて、かれはつぎのような文書を提出した。

受刑後のことは考えておりません。受刑以前にもし保釈の許可を得ましたならば、私はぜひ『資本論』の翻訳を完成いたしたいと考えております。『資本論』のドイツ語版は従来エンゲルス版とカウツキー版との二種ありましたが、今回モスコウのマルクス・エンゲルス研究所から校訂本が出版されることになっていまして、今後はそれが定本になるはずでありますが、私は右の研究所委員会の決議により、これが日本訳を委託されております。これが私の老後における最後の事業としてぜひ完成いたしたく存じているところでありますから、今後はそれに没頭したく決心いたしております。

正直といおうか、世間知らずといおうか、ここに河上の人柄がいかんなく発揮されている。河上にしてみれば、実際運動ではない、『資本論』の翻訳という、純粋に学問上の仕事に専念したいという希望なのだから、許されて然るべきだと考えたのであろうが、司法当局がそんな機会を与えるために保釈にすることなどありえない。保釈の可能性をちらつかせること、そのことが取調べの常套手段であることを見抜かずに、河上は完全に術中にはまっている。河上のような世間知らずを手玉に取ることは、おそらく造作もないことであったろう。しかし五三歳になってようやくマルクス主義者への道を登りつめ、いよいよ『資本論』の翻訳に全力を投入しようと考えていた河上が、はかなかった地下生活ののちに捕えられた事情を考えれば、河上のこの心の動きをだれも責めることはできまい。

この保釈の可能性がうすれてくると、今度は執行猶予（判決のさい刑期の二年以下の軽いものについて、一定期間刑の執行を猶予し、その期間に事故がなければ、刑の言渡しが効力を失う制度）になることを期待するようになった。公判に備えて弁護士を決定する過程で、外部の友人たちは「このさいは先生が一日も早く自由を得られることこそが、学界のためマルクス主義のため、もっとも肝要なことなのだ」という考えに立って河上に接したし、また弁護士も「事件はきわめて簡単だから、自分は執行猶予に漕ぎつけてみせる」と話していた。こうした第三者の意見にも影響されて、河上はしだいに執行猶予に希望を託するようになったのである。かれはつぎのように書いている。

それまでは、保釈で出て裁判を受けるまでのあいだに、『資本論』の翻訳を少しでも片づけておきたいと、その事ばかり考えていたのに、今やそうした希望のかわりに、執行猶予の判決を受けて元の書斎に帰り、敗残の余生をこの仕事に献げつくしたいという希望が、ようやく私の胸に巣くうようになった。そんなありがたいことができるのなら、おれはどんな譲歩をしても差しつかえないというような気持ちが、しだいしだいに強まってくるのだった。(「保釈への希望」)

佐野・鍋山の転向

河上がまだ豊多摩刑務所にいた段階の六月七日、共産党の幹部佐野学、鍋山貞親連名の転向声明「共同被告同志に与ふる書」が発表された。声明はコミンテルン(国際共産党)と、その指導を受ける日本共産党の方針を非難し、天皇制や侵略戦争を支持する態度を打出していた。共産党はさっそく両名を除名したが、かれらの転向が与えた影響は大きく、転向声明からわずか一ヵ月のあいだに、未決囚の三〇%、既決囚の三六%が転向を上申したといわれる。

ところで、転向というのは、主として一九三〇年代におこった特殊な思想現象で、社会主義者、共産主義者がきびしい弾圧、取調べを受ける過程で、自己のそれまでの思想的立場を捨て、天皇制や侵略戦争を支持する立場に移っていった行為をさしている。

なぜこのような大量転向問題がおこったのか、そこには当時のきびしい情勢や当局のたくみな誘導があったのは事実としても、それだけでは説明しきれない理論上、思想上のむずかしい問題が含まれている。しかしここでは到底その問題に立入っている余裕はない。問題は、ひたすら執行猶予を夢みていた河上が、それをどのように受けとめたかである。

共産黨兩巨頭
佐野と鍋山
獄中で轉向聲明
十一年に渡る極左運動
その誤謬を告白
コミンターンの
過誤を指摘す
兩名の聲明要項
轉向までの經緯
他の被告
多大の

佐野・鍋山の転向声明を報ずる新聞

佐野、鍋山の転向声明が発表されたのは、河上の第一回公判が予定されていた直前であった。しかしこの公判は、当局の方針で突然延期され、かれの身柄は市ケ谷刑務所に移された。そして市ケ谷に移った翌々日には、さっそく検事の呼出しを受け、お茶やタバコの接待まで受けながら、転向問題を切りだされている。その席で検事はつぎのように語ったという。

マルクス主義も日本ではこれでおしまいでしょうよ。佐野らが自己批判した分厚な意見書ももうでき上がっています。これは誰れにでも見せるというわけにはいかんが、なんなら特別にお見せしてもいい。どうですね、それよりもまずこのさいあの人たちに一度会ってみられたら。会われる気があればいつでも私の方で手続きをしてあげますが。(「戸沢検事の話」)

河上はこの誘いにたいし、「私はもう政治運動からすっかり手を引く決心をしていますし、今後政治問題についてはいっさい口を出すまいと思っているところですから、もうそんな物は見たいとも思いませんし、佐野君らに会いたくもありません」と答えて、いちおう断っている。佐野らの転向問題にたいしては、後にみるように、かれは終始きびしい批判をもちつづけるのであって、そこが河上のすぐれた点なのだが、それでは転向問題はまったく影響しなかったかといえば、やはりそこに心理的な免罪感のようなものが働いたのではなかろうか。検事との対話のあと、「将来の方針」が問題になると、かれは「運動から手を引いて書斎へ帰り資本論の翻訳に熱中したい」という趣旨の回答をしている。「運動から手を引くというのは、マルクス主義者としては自殺である。しかしそれは、マルクス主義、共産主義そのものが間違いだったというのではないから、少しも思想上の転向を含んでいない」というのが河上の判断であった。そしてその程度の譲歩で執行猶予がかち得られるなら、というのが河上の計算であった。こうして河上は「獄中独語」を執筆することになった。それはかれが「第一の退却線」と名づけたものである。

「没落」宣言

検事がこの段階で河上に「将来の方針」を書かせようとしたのは、共産党の巨頭連の転向につづいて、マルクス主義の理論面の大物である河上から、なんらかの「転向声明」を期待していたことは明白である。この点を心配した秀夫人は、面会の折に「刑務所の中で物をお書きになるのは、およしになった方がよくはないですか」と、まことに適切な忠告をしている。しかし佐野との会見をきっぱり断り、「政治上の問題にはいっさい触れない」と心を決めていた河上は、この夫人の忠告をかんたんに退けてしまった。河上は相当長文のものを書いて『改造』に発表するつもりになっていた。当局の修正を恐れて、「外部への発表は必ず秀子の手によって行う」ように手はずをきめたりしているが、しかし囚われの身で、思いどおりの文章が思いどおりに発表できるはずもなかった。秀夫人はその日の日記に「早く出たいというお気持ちに大分傾いておられるように見受けた」と書いている。河上の人柄、性格を知りぬいていた夫人が、はらはらしている様子が手に取るようにわかる。

「獄中独語」は結果的にはあまり長いものにはならなかったが、それでも検事と刑務所長とからさまざまに訂正を求められ、そのうえ「右の文章に書いた意味合いのことを、検事局の方から世間に発表してくださって結構です」という一筆まで取られてしまった。河上の手記は検事局の手で勝手に発表された。それは世間からは河上の「転向声明」と受けとられた。それだけで、取調べにあたった検事としては大手柄であったであろう。

しかし「獄中独語」はいわゆる「転向」を認めたわけではない。河上はマルクス主義者としての自分を葬る「弔辞」を書いたのである。『朝日新聞』はそれを「没落」宣言と評した。「獄中独語」にはつぎのように書かれている。

共産主義者たる資格をみずから抛棄《ほうき》することは、共産主義者としての自刃《じじん》である。それは共産主義者として許さるべきではないが、私は再び自由を得んがため今あえてこれを犯すについて、首《こうべ》を垂れて罪を同志諸君の前にまつ者である。

私は今後実際運動とは――合法的のものたると非合法的のものたるとを問わず――まったく関係を絶ち、元の書斎に隠居するであろう。

誤解を避けるために一言しておくが、以上のことは、もちろんマルクス主義の基礎理論にたいする私の学問上の信念が動揺したことを意味するのではない。ふつつかながら、かりにも三十年の水火をくぐってきた私の学問上の信念が、わずか半カ年の牢獄生活によって早くも動揺を始めるということは、ありえない。

「獄中独語」を報ずる記事

第二の退却

公判が八月一日に開かれるという通知を受けとったとき、河上はその日のくるのを「一日千秋の思い」で待っていた。「獄中独語」を発表したことで確実に執行猶予になると期待していたからである。その様子をみた秀夫人は「公判はすんでもすぐにはお帰りになれますまいから、どうぞ焦らずに静かにしていてください」と忠告した。河上は口では「よしよし、わしもその覚悟でいる」と答えながら、腹の中では「公判がすめばもうその日のうちに帰れそうなつもり」になっていた。

しかし八月一日の第一回公判における検事の求刑は懲役七年であった。七年の刑期ではもちろん執行猶予はありえない。河上は狼狽《ろうばい》した。そして八月三日、ただちに裁判長と検事にあててつぎのような「上申書」を提出した。

私は今後、マルクス主義の宣伝はもちろん、これが理論的研究、これに関する論著の翻訳（資本論の翻訳をも含む）等をも、すっかり抛擲《ほうてき》し、結局マルクス学者としての自分の存在をもなくしてしまうことに決心しましたから、どうぞ御諒承願います。

これはさきの第一の退却からはさらに大幅な退却である。河上はこのことについて、「私はその後当時を回想するごとに、なぜ泰然たる気持ち、堂々たる態度が維持できなかったものかと、いつもはなはだしく恥ずかしいものに感ぜざるをえぬ」と書いている。この上申書は第一回公判（求刑）から第二回公判（判決）までの、わずか一週間という限られた時間に、思いあまった河上がとっさに書いてしまったものであるが、しかし問題は、やがて年を越えた三四年の一月一六日にも、紀元節恩赦をまえにして、かれは同趣旨の「現在の心境」という手記を書いていることであろう。かれはこれを「第二の退却線」とよんでいる。

かれの期待にもかかわらず、八月八日にくだされた判決は懲役五年であった。判決言渡しを受けた瞬間の気持ちを、かれはつぎのように書いている。

私の空想がゴム球のように破裂した瞬間、間髪をいれず、私はひらりと心の持ち方を建てなおすことができた。「よろしい、では五年の懲役に服そう。」与えられるその時々の運命にたいしてひどく諦めのよい私は、たちまちにして腹をきめてしまった。(「懲役五年の判決言渡し」)

たしかに河上は、このときはいったん腹をきめて、控訴も取下げ服役した。九月一五日、下獄するにあたって秀夫人に宛てた手紙には河上の覚悟のほどが伺われて胸を打つものがある。

私はこのさい学者としての私の生涯に終わりを告げることを公言しておきたいような気持をもっています。というわけは、「材料を詳細に占有」して客観的真理を発見(発明ではない)するというのが、科学にとっての正しい方法だが、獄中ではそれと反対に、ただ手をこまぬいて坐っていて、頭の中から物を考えだすほかはありません。……そういうわけですから、私は下獄中は学問を中止するほかはないのですが、しかし長い獄中生活のあいだには学問にたいしても私は何を言いだすかしれません。私の学問は私にむかってお前は今後変質する可能性をもっていると警告しています。そして私は、私自身よりも、私の学問の方を、より強く信用している者です。

この河上の危惧は、不幸にして現実となる。しかしそれは後の問題として、河上はこの時点では、いっさいの幻想を断ちきって服役の決意を固めている。一〇月二〇日（この日は皮肉なことに、かれの五四歳の誕生日であった）に小菅刑務所に送られた河上は、そこで赤い獄衣を着て活字解版作業などに従事している。

しかしその年の暮、皇太子が誕生すると事情が一変した。その頃は、皇室に吉凶の大事があると恩赦を行うという慣例になっていた。受刑者たちはこの話題でもちきりとなった。なかには、わざわざ河上のところへやってきて、「先生、あんたは長いことはないね、まもなく放免ですぜ」と耳打ちするものもいた。河上のなかで仮釈放への期待が急にふくらんだ。そのとき、いったんは否定したはずの、あの「上申書」の内容がよみがえったのである。一月一六日、教務主任に呼ばれて「現在の心境」の提出を求められた河上は、それを「特赦のための用意」と受けとって、再び「第二の退却」を文書にしたためた。そのときの心境を河上は、「何にしても出られるものなら一日も早く出たくて仕方がなかった。どんな事があっても裏切者になろうとは思わなかったが、廃兵になる分ならどんな廃兵になってもよいと、ただ一図にそう思われた」と説明している。

宗教論を思い立つ

この時の河上の期待も肩すかしに終わった。紀元節の日に発表された恩赦で、他の受刑者とともに刑期が四分の一減ぜられて、河上の刑期は三年九ヵ月になったのだが、仮釈放をのみ期待していた河上には、それは少しも嬉しく感じられなかった。

それからまもない頃、今度は刑務所長が河上に、「刑期は三分の一を過ぎると仮釈放を許しうる規定になっている。わたしの方でもいろいろ考えてることもあるんだから、まあ落着いてやってください」と話した。紀元節恩赦に落胆していた河上は、このことばを聞くと、「この日から、また年末の近づくのを待つようになった」。三四年一二月一五日で、ちょうど刑期の三分の一が経過するからである。

その前日にあたる一二月一四日、河上は「明日にも仮出獄ができるかもしれない」という期待で落着かなかった。するとその夜、所長から呼びだしがあった。「胸を躍らし」て所長室に行くと、そこには転向した佐野学が待っていた。そして仮釈放の可能性をちらつかせながら、「どうも将来再び実際運動はやらんとか、研究もやめにするとかいうだけでは、何にもならん。今までの考えが間違いだったということにならんと、じっさいのところ改悛の情があると認めるわけにはいかんのでね」と第三の譲歩を迫り、佐野と「ゆっくり」話す機会を与えられたのであった。

河上がこのとき佐野とどのような話をしたのかはわからない。しかし佐野がその日の『感想録』に「博士は、マルクス主義は捨てず、と言われたと伝聞してはいたが、種々会談しているうちに、博士の世界観は東洋風の観念論であり、けっしてマルクス主義でないことがわかったのは、自分としては愉快に思った」と記しているのをみると、河上と佐野とのあいだに、世界観、人生観のようなものが話題になったことが推測される。そして後に述べるような理由から、それはおそらく宗教論だったのであろう、というのが私の想像である。

一二月に入って、仮釈放への「希望」をいつのまにか「完全に確実な予期」へと転化させてしまっていた河上は、所長の話を聞いたとき、宗教論を書こうと決心した。河上は「どう間違ったとて、佐野の仲間入りをする気はなかった」が、しかし、「何も書かなければ仮釈放の見込みはまったくなくなる」と考えた。その結果えらんだのが宗教論である。かれはこのときの気持ちをつぎのように説明している。

レーニンが言っているように、「坊主主義は疑いもなく一つのむだ花である」。しかしどんなむだ花にも根はある。「それは生き生きとした、実りある、力に充ちた、客観的な、人間の認識の生きた樹に咲き出た一つのむだ花なのである」。今までの反宗教論には、こうした点の説明が欠けている。おれは一つそこを書いてみよう。これなら現在の日本に行われているマルクス主義者たちの反宗教論を批判する形になり、いわば同士討ちの体裁になるから、少しはその筋のお気に入るかもしれない。しかもこれだけの仕事なら、おれは自分の学問的良心を曲げずにすむ。

ことに宗教にあっては、科学と違って、九年面壁がその本領であり、真理把握の方法である。それは人間を現実の物質世界――外界から引き離してその内的世界に沈潜せしむることを、本来の職分としている。科学的な研究なら、刑務所のような所ではまず不可能だが、宗教的な思索なら、刑務所は修道院についで適当な場所だと言えるだろう。それなら今のおれにもやれるはずだし、間違いもせずにすむだろう。（「仮釈放の希望から予期へ」）

前段の河上の主張はわかる。今日でもなお、十分に説得力のある宗教論はあまり見当たらない。だから河上がそういうものを書く必要があると考えたからといって、それは少しも非難されるべきことではない。しかしそれがはたして刑務所で可能なのであろうか。刑務所では科学的研究が不可能であることを認めている以上、河上の宗教論は反科学的なものにならざるをえない。刑務所が修道院についで適当な場所だということは、かれが修道院的な方向で宗教論を考えていたことになる。それは下獄にさいしての九月一五日付の手紙に、かれ自身が書いていた「変質」の危険をおかすことであり、かつての霊肉二元論への逆戻りでもある。しかし河上はこれを第三の退却とは考えていない。河上がこれを第三の退却と自覚していないところに、この退却のいっそうの深刻さがあるのだと考えられる。

獄中からの手紙

この宗教問題への関心は、一二月一四日より少し前から、河上のなかで動きはじめていた。それをかれの手紙によって確かめておこう。

一九三四（昭和九）年六月二〇日付で秀夫人に宛てた手紙は、検挙された大塚有章が「親鸞のお弟子」になったことに触れて、つぎのように書いている。

今まで一所懸命の生活をされたのだから、そこから他力の信仰――いっさいを阿弥陀仏におまかせするという信心――へは、おそらく紙一重でしょう。しかももしその信心が得られたなら、やがて大我に帰して永遠の生命を得ること、すなわち極楽往生は疑いないのですから、死ぬるなどはなんでもないことになりましょう。

これは河上自身について語っているわけではないが、大塚の心境の変化に多分に同情的であり、河上のなかで信仰、絶対的生活への関心が大きくなっているのを読みとることができる。

九月五日付で芳子に宛てた手紙には、芳子の差入れた伝記についての読後感として、自分の心境をつぎのように述べている。

これまで科学的に社会という人間の集団を見てきた私は、人格的に個性としての人間を味わいたく思い――今もその希望はもっているのですが――ともかく伝記の一つとしてあれを読んだのでした。

この文面では、社会集団として科学的にとらえられる人間と、人格としての個性的な人間とが対置され、河上の関心は後者に傾いている。それは、かつての科学か哲学かという、あの霊肉二元論の再現である。単に戻っただけではない。科学的研究を断念しなければならないという、特殊な環境のもとで、河上は科学と切り離された形で、哲学・宗教の問題に向かおうとしている。これが、すでに「第二の退却線」まで退いたのちに、仮釈放の実現を待望する河上をとらえたあらたな心境であった。
そして一二月二日付の芳子宛の手紙である。この年一一月に四九歳の若さで逝去した櫛田民蔵の死にふれて、「卒然たる友人の死を機会に、私はこうして自分で筆をとることのできるあいだに、いちおう私のこれまでの生涯についての物語をしておきたくなりました」と述べて、「私の一生を特徴づけている私の心の特殊な働き」「メンタル・ヒストリー」をまとめたい気持ちのあることを、くわしく書き送っている。そこにはかれの学生時代におけるバイブルとの出会いに始まって、足尾鉱毒問題、無我苑事件が回想され、つぎのように述べられている。

回顧すれば爾来《じらい》ほとんど三十年ですが、いま六十ちかくなってこうした所へ来ているのも、その元はバイブルにあるといえるかもしれません。

河上はもっぱらバイブルとの出会いという視点から、自分の一生を回顧しようとしている。科学についてはもう十分に書いてきたという気持ちもあろう、学者としての生涯は葬ったという気持ちも働いているであろう。しかしいずれにしろ、マルクス主義者として、科学者としてのこれまでの発展を捨象した形で、宗教的関心から「メンタル・ヒストリー」をふり返ろうとしている。
こうした一連の心の動き（準備）があったからこそ、一二月一四日に所長の勧めを受けたとき、即座に、河上は宗教論を書こうと決意したのだと考えられる。そして重要なことは、おいおいくわしく論ずるように、『自叙伝』も含めてこれ以後の著作が、もっぱらこうした関心に立って執筆されているという事実である。それが河上の思想の評価に大きく関わることになる。

ついでにもう一つの手紙を紹介しておこう。年を越した三五年の二月一七日付で間宮英宗（京都・方広寺の管長）に宛てた手紙は、科学の世界を相対の世界ととらえ、宗教の絶対の世界と対置して、つぎのように書いている。

ただいまのところは、もはや科学者としての既往の世界に別れを告げて、――幸いにしてまだいのちがあるらしいので、――これから先は一つの絶対の世界に住んでみたいと計画しておるところです。……新たに得た立脚地から首《こうべ》をめぐらして、過去三十年の科学者としての自分の生活を振り返ってみたいと思っております。

満期服役の覚悟

河上が宗教論の執筆を所長に約束した翌日、秀夫人は河上に面会した。ちょうど刑期の三分の一を経過した日である。仮釈放への期待にすっかり頭を占領されていた河上と、夫人とのあいだにつぎのような会話がかわされたという。

河上「仮釈放の餌でさんざん釣っておいて、いざという時に問題を出し、人の弱味につけ込もうとしてるんだちゅうこたあ、よう分かっとるが、弱い人間じゃから、どうしても振りきるだけの決心がつかん。はいってみないとても分からんが、こうしてると出たくて出たくて仕方がないもんなんだ。」

夫人「私からこんなことを申しあげるのはほんとうに辛《つら》いんですが、私はあなたがそういうお気持ちにおなりにならなければいいがと、とうからそればかり心配していましたの。昨年市ケ谷でお書きになりました『独語』、ありゃ致し方のないことだったし、他人《ひと》が何と言ってもあれだけのことをお書きになったのは差支えなかったんだろうと存じますが、あれより進んだことをお書きになるというのはどうも心配でしょうがありません。……あなたは佐野さんなどのことを無理もないようにおっしゃいますが、しかし平気で無期の宣告を受けて網走などへ送られてる方もあるんですもの。お仕合せなことに、あなたは恩赦にもおかかりになったんですもの、まるまるお勤めになっても、あともう三年たらずの御辛抱です。そりゃお辛いことは重々お察しいたしますが、それかかって無理をしてお出になると、折角《せっかく》出ていらしても、あとできっと後悔なさるにきまっています。そうだと結局その方がお辛いことになろうと、私それをいちばん心配いたします。」(「満期服役の覚悟を決めた後の心境の変化」)

秀夫人のこの忠告は、夫人ならではの、いたわりのこもった、まことに情理をつくしたものといえる。内心の動揺を見すかされ、急所を突かれた河上は、はじめのうちこそ弁解していたが、やがて、しゃべるだけしゃべると、「なんだか胸の氷がとけたような気」になって覚悟がきまってきた。かれは「この時をかぎりに、お情けにあずかろうという助兵衛根性をきれいに洗いすててしまった」と書いている。

こうして、三三年一月の検挙以来、ほぼ二年にわたる河上の動揺は、いちおう、みごとに断ちきられた。これ以後、なお二年半の刑期に服した河上の獄中における生活態度は、それ以前とははっきり変わってきている。「仮釈放を目当てに何か書いてみようという気は、その後一度もおこさずにすんだ」というのも、そのとおりであろう。しかし、それにもかかわらず、河上は三五年四月に「宗教とマルクス主義」を、六月に「宗教的真理について」を、そして三七年三月に『獄中贅語《ぜいご》』を書いている。それはこの一二月一五日の心機一転にもかかわらず、前日の所長との約束が拘束力をもっていたためであろうし、主観的には「お情けにあずかろう」という気持ちを振りすてたという安心感が、かえって宗教論におもむかせてもいる。その点で、この一連の宗教論は、一二月一四日以前に河上の内部に醸成されてきた「メンタル・ヒストリー」への関心と直接連続していることは否定できない。

『獄中贅語』を書くまで

気をとりなおした河上は、一二月二一日、「決意の変更について」という文書を提出した。これは所長が転向をうながしたのを逆手にとって、そのためにはマルクス主義を再検討しなければならないから、いったんはマルクス主義の研究を断念する決意をしたが、その決意を変更せざるをえなくなったことを主張したもので、「純理論的研究は出獄後これを継続するやいなや、現在のところ未定である」と述べて所長への「逆襲」を試みている。

この逆襲がどれほど効果があったかはわからないが、「出獄後の方針はやはり元通りに決定しておいてほしい」と所長に言わせたことで、河上は溜飲《りゅういん》をさげている。そしてこれ以後、刑務所内にある図書室に勤務して、「書物だけ読んでいればすむ身分」を獲得することができた、と河上は書いている。

三五年二月一日、近づく「紀元節」をまえに、またまた仮釈放のうわさがささやかれだした頃、検事が「ともかく何か書け」と要求してきたときも、かれは、宗教論なら書いてもいいが、その代わり、「どんな結論がいつごろできるか、それには一切束縛を加えない」こと、そして「参考書の差入れを自由に」すること、を条件として出したりしている。その成果かどうか、かれは二月一二日から「日記」の執筆を許可された。これが後に『獄中日記』として刊行されたものである。

このあと『獄中日記』には、四月一八日の項に「『宗教とマルクス主義』(刑務所という環境の下における、一マルクス学者の思想推移の具体的なる個人的経験の記録)と題する未定の原稿を、命によって提出」と記されている。このくわしい経緯はよく分からないが、おそらくは近づく「天長節」(四月二九日)をまえに、またまた文書の提出を命じられたものであろう。河上がそこに何を書いたのか、その内容は残念ながら不明であるが、おおよそのことは、これまでの経過ならびに後日の『獄中贅語』によって判断することができる。

ところで『自叙伝』によれば、この未定稿提出のすぐあと、四月二〇日付で願書を提出し、「宗教とマルクス主義」という論文を仕上げるための執筆許可を願い出ている（「自叙伝執筆の許可」）。おそらくこのとき、「私のこころの歴史」と題する「メンタル・ヒストリー」の執筆にとりかかったのだと考えられる。それは短い断片にとどまったらしいが、しかし河上の『自叙伝』の方向はそこでほぼ決定されたといってよい。かれは「徐々に辿ったマルクス主義への道」のなかで、「私のこころの歴史」の冒頭の一節（私はバイブルによって心の眼を開かれた云々）を紹介したあと、両者の関係についてつぎのように述べている。

こんな風な書き出しで私は一度自分のこころの歴史を書いてみようと思いたったのであるが、それは少しばかり書いてじきにやめてしまった。今でも、その後のことはかなり面倒で、そうすらすらと書きついでゆけないような気持ちがしている。（註、昭和十八年の今〈すなわち「自画像」を完成した今――山田〉になって私はようやくその仕事を果たしたのである。）

このような経過をみていくと、一二月一五日以降の河上は、たしかに守勢から攻勢に転じ、読書や執筆の自由を一つ一つかち取ってはいるが、しかしその結果、いよいよ宗教論執筆へと自分を追いこんでいっているのがよくわかる。あるいは、そういう河上の心理も読んだうえで、当局も便宜をはかったのかもしれない。四月二四日に面会に行った秀夫人は、すっかり宗教論を書く気になっている河上に不安をいだいた。夫人は面会の立合人が席をはずしてくれた機会に、滝川事件や天皇

脅かされる「學の自由」
京大瀧川教授の辭職問題に
法科教授結束を固む

新京大教授

美濃部學説は
國體明徴に背く
小原法相態度を言明

政府提出の
諸法案可決
貴族本會議

天皇機関説が問題とされている記事(左)と滝川事件を報ずる記事(右)

機関説問題がおこっている獄外の情勢をくわしく伝え、「今急いで出てこられたかて、何一つ自由な意見の発表ができるではなし、まあじっと落着いていらっしゃるのがいちばん得策だろう」と忠告している(「服役に対する妻の杞憂」)。

滝川事件は、河上が検挙されてまもない一九三三年五月におこった。京大教授滝川幸辰の刑法学説が国体に反するとして辞職を要求された事件である。法学部教授会や学生は一致して抗議し、河上も旧知の佐々木惣一や末川博ら八名の教授は抗議辞職した。天皇機関説問題は、三五年二月に、東大名誉教授美濃部達吉の憲法学説が不敬に当たるとして起訴された事件である。この結果、明治以来通用してきた美濃部の学説は禁止され、勅選貴族院議員の職も退かねばならなかった。河上が急いで出獄しても、自由な発言の余地は奪われていたのである。

「宗教的真理について」

秀夫人の忠告を受けて「よしよし、よく分かっとる」「けっして過去の立場を無にするような事はしないから安心してくれ」と答えた河上は、六月一二日になって、検事が以前の約束にもとづいて宗教論を至急提出するように命じたとき、「宗教的真理について」という一文を急いで書きあげて、提出した。これが後の『獄中贅語』の原型となったものである。かれはこの文章で、これまで考えていた「メンタル・ヒストリー」とは視点をかえ、マルクス主義のいう科学的真理と宗教的真理の関係いかん、という原理的問題を取上げた。それは自分の「メンタル・ヒストリー」を宗教的視点からまとめようとするとき、どうしても処理しておかなければならない理論問題であった。「自分が宗教的真理とでもいうべきものを認めていることが、マルクス主義者としての自分の立場とどういう関係になっているか」、この問題について下獄以来もやもやしていたという河上は、この論文で、それが両立しうるという結論に達した。

この結論を得てようやく落着いたのであろうか、『自叙伝』はこのあと、次女芳子の結婚問題や、そこで三カ月を過ごした病舎生活について、じつに淡々と書きつづっている。そして三六年六月一六日、いよいよ刑期もあますところ一年となった河上は、つぎのような歌を詠んで、刑期満了の日を平静に待てるようになっていた。

わが刑期いよいよ末に近づけりおいらくの身に力湧きつつ

年が明けて一九三七年、一月から二月にかけて河上は、教務主任から何度も呼びだされて、転向をうながされている。しかしすでに「満期服役の決意」をかためていた河上は、これに少しも動かされなかった。ただ、「ともかく現在の心境について何か書いてみよ」という要求にたいしては、かれは「出獄前に自分の考えを一まとめにしておくのは悪くない」と判断して、これを受けいれた。それが『獄中贅語』である。これを執筆するときの河上には、かつてのような仮釈放への打算や取引きといった意識はすでにない。それだけにまた、獄中で到達したにすぎない結論を、あたかも純粋に、自由な思索を通じて獲得した真理であるかのように錯覚する危険も大きかった。

『獄中贅語』

『獄中贅語』は副題を「刑期満了前に於ける私の心境」として、一九三七(昭和一二)年一月三一日から二月二五日までのあいだに書きあげ、三月一八日までに清書して仕上げたものである。全体は四章から成るが、中心は第二章「マルクス主義について」と第三章「宗教的真理及び宗教に就て」とである。

第二章は河上の「マルクス主義の真理性にたいする確信」が「微動だも」していないことを述べたものである。かれは佐野、鍋山らの転向問題にふれて、刑務所のような科学に無縁の場所で「マルクス主義のことが本当に分かってくる」などということはありえないと指摘し、「三十年の水火をくぐって」獲得されたかれの学問的信念が、「五年間刑務所にいたからとて」少しも揺ぐはずのないことを、つよい口調でくり返し述べている。河上がマルクス主義にたいする確信を述べた部分を、一カ所だけ引用しておこう。

私の眼中にあるところのものは、百年後二百年後の世界である。たとい日本共産党が全滅し、コミンテルンが全滅したとしても、私の学問的信念にいささかの動揺も生じないのである。

マルクス主義の真理性にたいする不動の信念を述べた河上は、第三章で宗教的真理についての見解を展開している。それは五つの問題に分かれている。㈠　宗教的真理は何を問題にするか、㈡　宗教的真理はいかにして把握されるか、㈢　人はかかる真理を把握することによっていかなる利益を得るか、㈣　宗教的真理と宗教との関係、㈤　宗教的真理と科学的真理の関係、の五つである。そのすべてにわたって紹介することは煩瑣《はんさ》なので、ここでは、マルクス主義者河上に直接関わる第五の問題を中心に、かれの見解をみておこう。

河上が「宗教的真理」というとき、それはけっして、いわゆる既成の宗教を意味するのではない。現実に行われている宗教には、「幻想、迷信、謬見等々」がへばりついており、それが「民衆の阿片」としての役割を果たしている。宗教的真理はこの阿片としての宗教に、十重《とえ》、二十重《はたえ》におおわれているのであるが、しかしそれにもかかわらず、けっして阿片であるに止まらない何物かがそこにはある、と河上は主張する。それを河上はつぎのように表現している。

これを要するに、我を知る（自覚）といい、心を知る（識心《しきしん》）といい、性を見る（見性《けんしょう》）といい、人生を悟る（生命の根源を自覚する）といい、道を聞くといい、その表現はいろいろになっているけれども、いずれも意識を意識することを問題にしているのであり、それがすなわち私のいうところの宗教的真理の課題である。

かれは「自然（存在）を第一次的なものとし、精神（意識）を第二次的なものとする」点においては依然として唯物論者であり、自然にたいする精神の働きかけにおいて、科学の果たす役割が大きいことも承認しているのだが、しかしこの「意識を意識する」宗教的課題においては、科学は「何の役にも立たない」し、「かえって邪魔になる」と考えている。こうして河上は、科学的真理と宗教的真理を区別し、両者は「おのおのその課題、立場、領域を異にしている」のであるから、これを扱う方法も区別されなければならないはずだと主張した。これが科学的真理のほかに宗教的真理の存在をも承認する特殊なマルクス主義者と自己を規定した河上の見解である。それは河上がどのように弁解しようとも、かつての、「自己清算」以前の霊肉二元論への逆戻りである。

いくつかの誤謬

河上が無我苑時代から二〇数年をついやして、きびしい自己清算の結果たどりついた唯物論は、意識を客観的実在の反映としてとらえることを要求する。そのことは河上も承認して、『経済学大綱』では「思惟を思惟に依存せしめることは、果てしなき論理の循環に陥いる」と書いていた。そのことを承認したことが「さいしょの出発点たる唯心論から、その反対物たる徹底的な唯物論への、完全なる転化」ということの意味だったはずである。

そうはいっても、意識の問題は複雑微妙で、河上のいう「意識の意識」（自己意識）から「下意識」「無意識」の意識にいたるまでの、あらゆる意識現象を、具体的に唯物論の立場から説明しようということになれば、それは容易ではない。しかし唯物論者にとって大事なことは、それがどんなに困難なことであっても、あくまで存在から意識を説明する立場を放棄しないということであろう。河上がもし宗教論を取上げるとすれば、当然このような方向でなされるべきであったし、そのためには、まさに科学の問題として論じられなければならなかった。

じつは河上には一つの根本的な誤解があった。それは一九二七、八年に「唯物論への転化」を完了したということの意味についてである。なるほどかれは、このときに自己の唯心論的誤りに気づいた。唯物論の立場に立つ必要のあることも自覚した。しかしそのことは、けっして、かれが思想的にも唯物論者になりおえたことを意味するわけではない。「抜きがたき人道主義」が根をおろしていただけに、それを唯物論の立場から理論的、実践的に、時間をかけて把握しなおす作業が不可欠であった。しかし河上にはその時間が与えられなかったし、その作業がまだ完了していないという自覚も、河上には欠けていた。

もう一つの不幸な錯覚は、かれがマルクス主義にたいする揺ぎない確信をもっていただけに、マルクス主義の実践も研究も断念しなければならなかったという条件のもとで、宗教論ならばマルクス主義への信念を曲げることなしに、論ずることができると考えたことである。「宗教は科学と異なり、面壁九年がその本領」であり、宗教研究にとって刑務所は「修道院についで」もっともふさわしい場所であるという理由づけは、このとき浮かんだものである。

河上が宗教論を取上げたもう一つの理由は、「日本のマルクス主義者のなかで私ほど宗教とくに仏教にたいして真の理解を有する者は、まれであろう」という自負である。これは無我苑での体験などを指しているのであろうが、これもかれの不幸な錯覚を助けた。どれほど宗教体験があったとしても、それを唯物論的に論ずるのでなければ、マルクス主義にとっては意味がない。かれの二〇数年にわたる思想形成は、まさにこの初期の宗教性を唯物論的に克服することであったにもかかわらず、獄中で、マルクス主義の研究が断念されたとき、この思想形成の過程も背後に押しやられて、初期の宗教体験だけが前面に押しだされてしまった。

転向か非転向か

検挙後のこうした一連の河上の行動を、私たちはどのように考えたらよいのであろうか。当時の共産党は、「獄中独語」が発表された段階で、河上を「敗北的分子」「巧妙なる遁辞《とんじ》によって敗北主義を合理化し、それによって敗北主義的気分を促進」したものとして除名した(一九三三年八月一日付『赤旗』)。それは共産党が階級運動をすすめる政党である以上、当然の措置であったろう。しかし他方では、河上の「獄中独語」はかれ個人の「没落」の宣言であって、「自己の実践的な『没落』をさらけ出すことによって、逆にその理論的な『非転向』を明らかにし」た「抵抗」の宣言であったという見方もある（古田光『河上肇』）。

河上は検挙後といえども、マルクス主義にたいする信念を捨てていない。司法当局のあの手この手の転向勧誘にもかかわらず、かれはそれを拒み通した。だから、かれはけっして、いわゆる転向者ではない。かれが「獄中独語」でマルクス主義者としての自己を埋葬したことは、逆に、かれがマルクス主義の真理性を認めていたことの証《あかし》でもある。五三歳になって不馴れな実践運動に入った河上が、マルクス主義の正しさを認めつつも、運動から身を退く決心をしなければならなかったとしても、それに同情こそすれ、非難する気持ちにはなれない。それは河上として、「非転向」をつらぬく精一杯の生き方でもあったろう。

しかし、それに続く一連の宗教論の執筆は、事情がもう少し異なる。『獄中贅語』は、検挙以来の一連の「退却」の延長線上で執筆された。そこには、かれのマルクス主義への信念にもかかわらず、まだマルクス主義者、唯物論者になりきれていない、河上の思想的弱点が、刑務所という特殊な環境のもとで、一面的に増幅されて現れてしまった。したがって、それ以前の「自己清算」の過程からみれば、明らかに一つの「屈折」――「転向」とよぶのは不適当としても――がある。河上は実践的に自己の敗北を認めたとき、同時に思想的にも大きく「屈折」してしまったとみるべきであろう。

この事実にこだわるのは、次章で改めて考察するように、釈放後の河上が、この獄中で到達した結論——科学的真理と宗教的真理の「統一」を主張する立場に立って、精力的に『自叙伝』を執筆し、それが河上研究に重大な影響力を発揮しているからである。

第七章　晩年

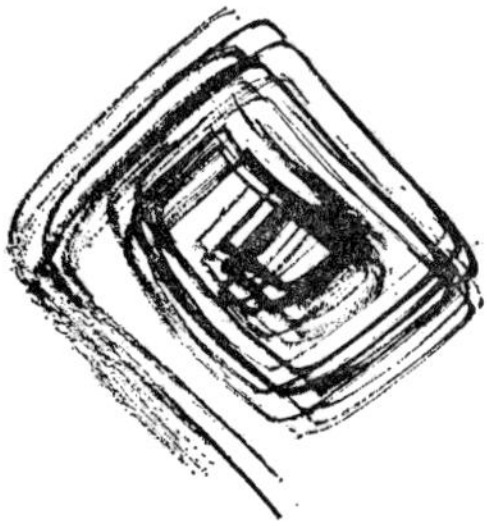

晩年の河上肇

満期釈放

一九三七（昭和一二）年六月一五日、いよいよ待ちこがれていた釈放の日がやってきた。河上は一五日の午前一〇時に釈放されることになっていた。一四日午後六時、夕食もおわり、身辺の整理もすましして、あとは釈放を待つばかりとなった河上は、獄中さいごの日記をつぎのように記した。

さて、今、六時が鳴った。もう六時間たらずのうちに昭和十二年六月十四日がおわり、同時に私の刑もおわって、私はここの門外に出るはず。もう六時間の辛抱だ。この日記帳へ書きこむのも、ここでの仕事にしてはもうこれでおしまいにして、すぐにも持って出られるように、これから万年筆や日記帳や書物や眼鏡《めがね》や数通の手紙やを紙袋に納めるであろう。

河上肇万歳！　マルクス主義万歳!!

河上は正門前に詰めかけている新聞記者を避けて、裏門から杉並の自宅へと車を走らせた。午前一〇時、約束の記者会見に、かれは獄中で四ヵ月も前から用意してあった「手記」を手渡した。そこに河上の感慨もあますところなく出ているので、その全文を引いておこう。

昭和十二年六月十六日（水曜日）

片隅に生きる"老廃兵"の心境

"刑余老残の此痩軀　たゞ衰へに任す"

白髪もめつきり増えて――

河上博士語らぬ會見

出獄後の記者会見の記事

私は今回の出獄を機会に、これでマルクス学者としての私の生涯を閉じる。この一文はすなわちその挽歌《ばんか》であり墓碑銘である。

私はこれまで一個の学究として、三十年攻学の結果ようやくにしてかちえた自分の学問的信念に殉ぜんがため、分不相応な事業にむかっていささか努力を続けてきた。しかし微力の私は、暮年すでに迫れる今日、もはやこれ以上荊棘《けいきょく》を歩むに耐ええない。私はもうこれで一学究としての義務をおえたものと諦め、今後はすっかり隠居してしまって、ごく少数の旧友や近親と往来しながら、刑余老残のこの痩軀《そうく》をただ自然の衰えにまかすほかなかろうと思う。すでに闘争場裡を退去した一個の老廃兵たる今の私は、ただどうにかして人類の進歩の邪魔にならぬよう、社会のどこかの隅で、ごく静かに呼吸していたいとねがうばかりである。——歌三首あり、あわせ録して人のわらうにまかす。

ながらへてまた帰らむと思ひきやいのちをかけし旅にさすらひ
長き足をらくにすわれと吾妹子《わぎもこ》が縫うて待ちにしこの座布団よ
巖《いわ》清水あるかなきかに世を経《へ》むとよみいでし人のいのちしのばゆ

閉戸閑人

河上はこのあと、三八年一〇月に中野区氷川町に、四一年一二月に住みなれた京都に居を移して、「刑余老残」の生活を、ひっそりと過ごした。河上が釈放されてまもない七月七日、蘆溝橋《ろこうきょう》で日中両軍が衝突し、全面戦争に突入したし、かれが京都に移る直前の一二月八日には太平洋戦争も開始されて、情勢はいよいよきびしくなるばかりであった。釈放された河上は、まだ文筆の仕事を完全に諦めていたわけではなかった。「論文はだめだとしても、随筆の形ででも、回顧録の形ででも、何でもよいから間接のまた間接にでもマルクス主義のために貢献しうる」機会を求めていた。しかし日中全面戦争が始まると、労農派の理論家たちもあいついで検挙され、(第一次、第二次人民戦線事件)唯物論研究会も解散を命じられるような情勢では、河上も文章の発表を断念するほかなかった。

かれはこの時期にたくさんの詩や歌をつくっているので、かれの生活ぶりをしのばせてくれるも

1937年秋の河上肇（上）
1939年、次女の一家の上海赴任を記念に（下左）
敗戦の年、孫二人とともに（下右）

のを、いくつか引いて説明にかえよう。

老妻を喜ばさんと欲《ほ》りすれど金もはいらで歳はくれゆく　（三七年一二月）
世を忘れ世に忘らるる我なれば尋ねて来ます友をうれしむ　（四二年一月）
この京にしづけき寺の一つありゆふぐれに来て鐘の音をきく　（四二年一〇月）
老いつれど住むに家あり飢ゑもせず妻あり子あり何を欲りせむ　（四三年六月）
われからにこの世を棄てし身ながらも世に棄てらると思ふ日もあり　（四四年五月）

寒きかな寒きかな
体重九貫に落ちし老いの身の
体温辛《かろ》うじて五度に止まれり
窓の外には
風に吹かれて雪乱れ飛び
うすひ纔《わずか》にさせり
餓死と
凍死と
遠き雲間より

我を覗《うかが》ふに似たり　（四五年一月）

余生を一老廃兵として送る決意をかためた河上は、詩や歌をつくるかたわら、残された時間を『自叙伝』の執筆に注いだ。それは獄中ですでに始まっていた「メンタル・ヒストリー」を完成させるためにも、河上にとって、さしあたりもっとも関心のある仕事であった。

『自叙伝』の執筆

河上の『自叙伝』は、生いたちから出獄前後までが全五巻にまとめられているが、それは他の一般の自伝のように、生い立ちから順に、年をおって書かれたわけではない。この点は『自叙伝』の性格を理解するうえで重要なので、まずそのことを明確にしておこう。

一、獄中記　一九三九年三月執筆

内容は「入獄後の秋」「特赦の夢」「仮釈放の夢」「仮釈放の噂《うわさ》」「病舎生活」「真知子（芳子）の結婚」「峠を下る」「出獄前後」「最初の一年間の獄中通信」

（この獄中記のみは、「出獄後まだ間もない頃のことだったので、なんだか世間をはばかるような気持ち」が働き、登場人物はすべて仮名で書かれている。）

二、「大死一番」「木下尚江翁」　一九四二年一〇月、一一月

三、「自画像」　一九四三年六月

内容は「無我苑時代より労農党時代に至るまでの回顧」
四、「幼年時代・少年時代」　一九四三年一一月
五、「労農党解消後地下に入るまで」「僇かりし地下時代」　一九四四年九月、一一月
六、「未決監の生活」　一九四五年六月
自伝のふつうの構成からすれば、順序は当然、四↓三、二↓五↓六↓一でなければならない。それがこのような順序に執筆されたのは、河上のなかに特別の動機が働いていなければなるまい。それは、すでに前章でくわしく述べたように、「メンタル・ヒストリー」への河上の強い関心である。

「獄中記」は河上がなぜ『獄中贅語』を書くにいたったのか、その「メンタル・ヒストリー」を軸に展開されている。そして、これを思い立った三四年一二月の芳子への手紙には、バイブルとの出会いに始まる「私の一生を特徴づけている私の心の特殊な働き」をまとめておきたい気持ちが語られており、三五年四月には「私のこころの歴史」が書きおこされた。このように考えないと、「獄中記」の次に、時代を飛んで無我苑時代の執筆に向かった河上の心の動きが説明できない。

「大死一番」

「獄中記」のつぎに執筆した「大死一番」は、かれが青年時代に「いかにして宗教的真理を把握するにいたったか」の体験をまとめたものである。その書き出しには、「私の精神に、決定的な影響を与えたものが二つある。その一つは宗教で、今一つは科学であ

る」とあり、その結びは、「私は、宗教的真理の存在を主張する唯物論者として、自己を規定する。私はこれが思想方面における私の特殊性であると自負している」と記されている。この河上の主張が、「自己清算」からではなく、『獄中贅語』に直接引きつづいているのは明らかであろう。

かれはこの文章で、もっぱら宗教的体験について語る。かれは木下尚江、内村鑑三の影響を受けてバイブルに出会い、「人もし汝の右の頬を打たば」の一節に「絶対的非利己主義の至上命令」を感じとったと述べ、それが「私のこころの歴史の始まり」であったと書いている。そしてあの無我苑での体験をくわしく回想し、つぎのような解釈をくだしている。

私は死を考えたのではない、死を決したのだ、死に直面したのだ。これは瀕死《ひんし》の病人といえどもなお為《な》しあたわざるところのものである。それは禅家にいうところの大死一番なるものに相当する。私は小我を滅却することによって物心の対立を超越し、心を心で見ることができたのだ。その瞬間こそすなわち私がいうところの宗教的真理を把握した瞬間なのである。

この説明の仕方はあまりに一面的に誇張されたものであり、いかに本人の書いたものでも、そのまま受けいれるわけにはいかない。これをそのまま真に受けてしまうと、河上が「抜きがたき人道主義」を克服して唯物論者へと転化していった、思想的苦闘の過程が陰にかくれてしまって、宗教的求道者の側面だけがクローズ・アップされてしまうことになる。

「自画像」は「無我苑時代より労農党時代に至るまでの回顧」をしたものであり、それは河上の思想発展のほとんど全期間にわたるものであるから、いくたの重要な事実が語られている。本書も大筋は河上のこの叙述にもとづいて書かれている。しかしここには『獄中贅語』以来の河上の視点がつらぬかれているので、取扱いに注意を要する。

「自画像」の視点

まず最初の節「むらと変化の多い私の生涯を一貫せる本質的なもの」で、河上は自分の本質を「ひたむきな求道者」「真実を求むる柔軟な心」に求め、その点を明らかにする方向で「自画像」を叙述するという方針を打出している。あくまで真実を求める求道者的な生き方、これは河上を一貫するものなので、これじたいに反対する理由は少しもないが、しかしそれが宗教的に特別な意味を与えられてくると、首をかしげざるをえなくなる。

無我苑の体験を述べたところでは、あの「大死一番」の体験を、「当時私のかちえた唯一最大の獲物」といい、「私の一生の生活方針の根底」と説明している。しかしいっそう危険なのは、「大正十三年頃に始めた経済学から哲学への新たなる旅」の説明である。少し長くなるが引いておこう。

私が若うしていくぶんなりともかかる宗教的真理をうかがい知ることができたのは、私の一生にとって大なる幸福であった。しかし私は、長い年月のあいだ、宗教的真理と科学的真理との対立および統一の弁証法的理解に到達することができなかった。そのため私は、ふたたび経済学の研究室に立ちもどり、社会現象の科学的研究に従事するにあたり、知らずしらずのうちに、宗教的真理と科学的真理との混線、心の世界と物の世界との混同、科学の世界への形而上学的唯心論の導入、こうした根本的な誤謬を犯すことにより、科学的研究の途上、つねに救うべからざる混乱に陥いった。『資本主義経済学の史的発展』を公にした後、大正十三年時代に、私が「利己的活動に関する思索という二十年来の課題」をその機会に片づけたといっているのは、じつは、科学の世界において宗教と絶縁するということを意味しているのである。それは、二十歳を越したばかりのときから、忘れることも離れることもできなかった宗教的真理から、断乎として自分を引きはなし、しばらくこれを忘却しさらんことを決意したもので、正確にいえば、このときすでに四十六歳に達していた私にとって、二十年来というよりもむしろ三十年来のメタモルフォーゼであり、いのちがけの飛躍であり、まゆを破って蝶に化したものなのである。

ごらんのように、ここでは、宗教的真理と科学的真理の統一という、獄中で到達した立場が前提となって、青年期以来の思想形成が説明され、そのため一九二四年に始まる「自己清算」が、唯心論の唯物論的克服としてではなしに、一時的な「絶縁」「忘却」として説明されてしまっている。もしそれが本当だとすれば、河上の唯心論者から唯物論者への転化の過程はなかったことになるし、河上は獄中で三〇年来の本来の自己を取り戻したことになる。河上ほど自己を赤裸々に語る人が、ウソを言っているとは思えない。どちらもそれを書いたときには、河上にとって真実だったのであろう。とすれば、検挙後の、マルクス主義者としての自己を埋葬した河上の主張だけに沿って、河上の思想を解釈してしまうことには、問題がある。

河上には、たしかに宗教的ともいえるほどの、はげしい求道者的性格があった。そのために霊肉二元論の克服にも、ふつうの人の何倍もの苦労をしなければならなかった。そしてようやく一九二七、八年ごろに、唯物論的見地に立つことができた。それをかれは「宗教という神秘の霊霧に覆われた、さいしょの出発点たる唯心論から、その反対物たる徹底的な唯物論への、完全なる転化」とよんだのである。しかしそれは、河上が思想的にも唯物論者に転化しおえたことを意味しないことについては、すでに前に指摘したとおりである。この間隙が、獄中の一連の体験のなかで拡大され、宗教論となって現れた、と考えるのが自然なのではあるまいか。

「自画像」でいちおう「メンタル・ヒストリー」を書きおえた河上は、自分の気持ちに区切りをつけることができたのであろうか、「さすがに自分の思い出を書くことにも飽きてしまった」ので、しばらく陸放翁の注釈などに向かったのち、「自画像」のつづきにかかった。それが「幼年時代・少年時代」など、『自叙伝』の他の部分である。しかしこれらの叙述は、じつに淡々としていて、「獄中記」や「自画像」とは明らかに異なった印象を与える。獄中に始まった「メンタル・ヒストリー」執筆の宿願は、「自画像」をもってほぼ完結したのである。

昔から多くの人たちによってすぐれた自伝が書き残されている。日本にかぎっても『福翁自伝』（福沢諭吉）『余はいかにして基督《キリスト》信徒となりし乎《か》』（内村鑑三）『妾《わらわ》の半生涯』（福田英子）『寒村自伝』（荒畑寒村）など、いずれも文句なくおもしろい。そして自伝は、それぞれの思想家の思想を学ぼうとするばあい、格好の入門書である。河上のばあいにも同じことがいえる。河上の思想に興味ある諸君は、ぜひ『自叙伝』を直接読んでくれることを希望する。

『自叙伝』の読み方

しかし、一人の思想家の思想を理解するということは、なかなか容易ではない。その人本人が書いているのだから、こんな確かなことはない、などと早呑込みをすれば、とんでもない間違いをおかすことにもなる。それはこれまでに具体的に指摘してきたとおりである。

私は本書を書きすすめるに当たって、そのつど断りなしに『自叙伝』の記述を利用してきたが、しかし、河上の思想評価に直接かかわるような部分は、相当慎重に扱ったつもりである。とくに青年期からマルクス主義者に転化するまでの時期を扱うさいには（第二〜四章）、主として「自画像」を利用しながらも、前節で指摘したような箇所は避けて、その足らない部分は、その当時に河上が発表した論文で補うようにした。それは晩年の河上の解釈で青壮年期の河上の思想形成を割切るのは危険だと考えたからである。

もちろん、本書に展開した私の河上解釈が正しいと言い切るつもりはないが、以上に述べた点に注意しながら、この先は、直接諸君が河上の文章に当たって、読みとってほしい。

マルクス主義への変わらぬ確信

さて、河上の「メンタル・ヒストリー」に少しこだわりすぎたかもしれないが、もう一つの側面、かれのマルクス主義者としての信念はどうなったのであろうか。

マルクス主義と宗教との統一の仕方がいかに間違っていたとしても、かれがマルクス主義にたいする確信を失っていなかったことは、すでに紹介してきた一連の文章の記述が、これを証明している。佐野、鍋山の転向声明以来、大量転向現象がおこっていた当時にあって、マルクス主義からの転向を拒みつづけた河上の態度は、宗教論への屈折にもかかわらず、やはり非転向の名に値する。では釈放後の河上はどのように考えていたのであろう。

マルクス主義の実践はもちろん、研究も断念して、刑余老残の身を一老廃兵として生きることを公約した河上は、残念ながらマルクス主義についての見解を述べた文章をほとんど残していない。しかし出獄直後の時期に、かれはつぎのような感想を記している。

時勢はますます暗くなるばかりだが、私はいまだかつて一度たりとも心に光明を失ったことはない。私はもはや為しうるかぎりを為しおえたという心安さに住しながらも、もし幸いにして私が祖母や父母ほどの長寿を保つことができたならば、必ずや自分の生きた眼で、わが愛するこの日本の国土に、社会主義の光明の照り輝くさまを見うる快心の日、会心の時がくるであろうという希望に燃えている。

「幼年時代・少年時代」には、「私が五十歳前後に書いたもの（マルクス主義のこと――山田）が、やはり予言的なものとなる日が来ないともかぎらぬであろう。私はもう少し長生きして世の推移を見たいと思っている」と、まことに控えめに、さりげなく、その自信のほどを披瀝《ひれき》している。かれはまた、エドガー‐スノーの "Red Star over China"（中国の赤い星）やスメドレーの "China Fights Back"（中国は抵抗する）、外務省訳の『ソ聯《れん》共産党史』などを入手して、それに感動する心も失っていない。堀江邑一への礼状のなかで、「落魄残骸《らくはくざんがい》枯木のごとき六十の衰翁にも、まだ人生の意気に感じうる力が残されていることを知って、私はみずから喜びにたえないのです」と書き送っている。

一九四二（昭和一七）年暮から正月にかけて、スターリングラード攻防戦でソ連軍が総反撃に転じたとき、かれはつぎの歌を詠んでいる。

ふたたびは見る日なけむと決《き》めてゐしレーニン集が今はこほしき
陥《おと》さねばならぬ落ちもすると豪語せし総統今や声を呑みをり

そして日本の敗色がこくなった四五年一月には

戦ひに国亡ぶとも民残る民残りなば何かあらむ
わずか七十年の生涯に生きて日本帝国主義の倒るるを見るか

と、帝国主義滅亡の日の近いことに期待を寄せ、そしてついに八月一五日、無条件降伏の報に接したとき、

あなうれしとにもかくにも生きのびて戦やめるけふの日にあふ
いざわれも病の床をはひいでて晴れゆく空の光仰がむ

と、その喜びを歌に詠んでいる。しかしこの頃の河上は、生来の病弱に加えて、栄養失調と寒さから、発熱病臥する日が多く、体重も三四キロまでやせ衰えていた。

遺憾なり半生の間鍛《きた》へ来しつるぎ抜き得ず力しなへて

現内閣の退陣要求
民主戰線結成へ拍車
新たな愛國戰線へ
危機打開に大衆の結束
參集の大衆約三萬
民主戰線結成の熱意に集まる大衆

野坂参三帰国歓迎国民大会を報ずる記事

の歌には、ようやく自由に活動できる日を迎えながら、働くことのできない河上の無念さが溢れるように出ていて、胸を打つものがある。

垂死の床にありて

さいごに、河上が垂死の床から、野坂参三の帰国歓迎国民大会に寄せた「同志野坂を迎えて」と題する詩を掲げて、結びとしよう。野坂は一九二八年の三・一五事件で検挙され、釈放後ソ連や中国で活動して、一九四六（昭和二一）年一月に帰国した。

同志野坂
新たに帰る
正に是れ百万の援兵
我が軍これより

更に大に振はむ
刑余老残の衰翁
龍鐘《りゆうしよう》として垂死の床に危坐《きざ》し
声を揚げて喜ぶ

われもし十年若かりせば
菲才《ひさい》われもまた
筆を提《ひっさ》げ身を挺して
同志諸君の驥尾《きび》に附し
澎湃《ほうはい》たる人民革命の
滔天の波を攀《よ》ぢて
共に風雲に叱咤《しった》せんに

（以下省略。「龍鐘」は老いてやつれ病むさま）

河上のこの詩はかれの絶筆となったものである。かれはこのあとまもなく、肺炎を併発して、一月三〇日に満六六歳三ヵ月で死去した。

河上夫妻の墓碑　京都・法然院にある。

河上肇年譜

西暦	年号	年齢	事項	参考事項
一八七九	明治一二		一〇月二〇日、山口県岩国市錦見町に生まれる。	二月、愛国社、国会開設の上奏を決議。
八四	一七	五	三月、岩国尋常小学校初等科入学。	群馬事件など一連の騒擾事件がおこる。
八八	二一	九	三月、岩国学校入学。	
九〇	二三	一一	六月、「日本工業論」（回覧雑誌所収）	一〇月、教育勅語発布。
九三	二六	一四	九月、山口高等中学校予科に入学。	徳富蘇峰『吉田松陰』。
九五	二八	一六	九月、山口高等学校文科に入学。	三月、日清戦争おわる。
九七	三〇	一八		三月、足尾鉱毒問題激化。
九八	三一	一九	九月、東京帝国大学法科大学政治科に入学。	六月、隈板内閣成立。 一〇月、片山潜ら社会主義研究会を創立。
一九〇一	三四	二二	四月、田中正造の演説を聞き、防長新聞に「花時所感」を寄稿。 三月、鉱毒地救済婦人会の演説会を聞き衣類を寄付。	五月、社会民主党結成、ただちに禁止。 三月、田中正造、鉱毒問題で天皇に直訴。

一九〇二	明治三五	二三	七月、大学卒業、法学士となる。 二月、大塚秀と結婚。	
〇三	三六	二四	一月、東京帝国大学農科大学実科講師。学習院、専修学校などの講師を兼ねる。	二月、幸徳秋水ら平民社を創設。
〇四	三七	二五		二月、日露戦争始まる。 二月、平民新聞に「共産党宣言」訳載（発禁）。
〇五	三八	二六	一月、『経済学上之根本観念』 六月、『歴史之経済的説明・新史観』（訳） 一〇～一二月、読売新聞に「社会主義評論」連載。 一二月、『日本尊農論』 一二月八日、「社会主義評論」を中途で擱筆し、一切の教職を辞して、伊藤証信の「無我苑」に入る。	一月、ロシア第一次革命（血の日曜日） 一〇月、平民社解散し、キリスト教派と唯物論派に分裂。
〇六	三九	二七	二月、無我苑を二ヵ月で退去、読売新聞の記者となる。	六月、幸徳秋水、「世界革命運動の潮流」で直接行動論を提起。
〇七	四〇	二八	四月、読売新聞社を退社。『日本経済新誌』創刊。「経済と道徳」などを発表。	内村鑑三「基督教と社会主義」。
〇八	明治四一	二九	八月、京都帝国大学法科講師。	
〇九	四二	三〇	七月、京都帝国大学助教授。	一〇月、伊藤博文暗殺。

一九一〇	四三	三一	一〇月、『経済学の根本概念』	四月、『白樺』創刊。五月、大逆事件の検挙始まる。八月、石川啄木「時代閉塞の現状」。
一一	四四	三二	三月、『時勢之変』「日本独特の国家主義」 三月、『経済と人生』	一月、大逆事件判決、幸徳ら死刑。二月、徳富蘆花「謀叛論」と題して講演。九月、『青鞜』創刊。
一二	大正 元	三三	七月、「唯物観より唯心観へ」	八月、友愛会創立。一〇月、大杉栄ら『近代思想』創刊。
一三	二	三四	一〇月、ヨーロッパ留学に出発。	三月、憲政擁護運動おこる。
一四	三	三五	一〇月、法学博士となる。	七月、第一次世界大戦勃発。
一五	四	三六	二月、ヨーロッパ留学より帰朝。 三月、京都帝国大学法学部教授。 一〇月、大阪朝日新聞に「婦人問題雑話」を連載。 三月、『祖国を顧みて』	九月、堺利彦ら『新社会』を創刊。
一六	五	三七	九～一二月、大阪朝日新聞に「貧乏物語」を連載。	一月、吉野作造、民本主義をとなえる。
一七	六	三八	三月、『貧乏物語』	二月、ロシアに社会主義革命。
一八	七	三九	一月、「未決監」	八月、米騒動、白虹事件おこる。二月、第一次世界大戦おわる。

一九一九	大正 八	四〇	一月、「或医者の独語」、『社会問題研究』創刊。 五月、経済学部創設により、同学部勤務となる。「社会主義の進化」 七月、「可変の道徳と不変の道徳」	三月、吉野作造ら黎明会を結成。 三月、堺利彦「河上肇君を評す」
二〇	九	四一	四月、『近世経済思想史論』	一月、森戸辰男事件。
二一	一〇	四二	三月、「物的改造と心的改造」 四月、「断片」（『改造』）発禁となる。 八月、『唯物史観研究』 三月、マルクス『賃労働と資本』『労賃、価格及び利潤』（訳）	
二二	一一	四三	三月、『社会組織と社会革命に関する若干の考察』	七月、日本共産党創立。
二三	一二	四四	八月、『資本主義経済学の史的発展』	二月、学生連合会結成。 九月、関東大震災。大杉栄ら虐殺される。
二四	一三	四五	四月、経済学部長となるが、病気のため辞す。 六月、和歌浦に静養、再出発を決意。 九月、「唯物史観と因果関係」	三月、難波大助の虎の門事件。 五月、京大に社会科学研究会発足。 七月、櫛田民蔵「社会主義は闇に面するか光に面するか」 九月、学生社会科学連合会結成。

一九二五	大正一四	四六	一〇月、『資本論略解』（第一巻第三分冊）	三月、福本和夫、河上批判を開始。 四月、治安維持法公布。 八月、山川イズムと福本イズムの対立激化。
二六	昭和 元	四七	一月、学連事件のため家宅捜査を受ける。「マルクスの謂ゆる社会的意識形態について」 三月、デボーリン『レーニンの弁証法』（訳） 三月、哲学研究に着手、西田幾多郎の推薦により、三木清の指導を受く。	一月、京都学連事件。 三月、労働農民党結成。
二七	二	四八	二月、「唯物史観に関する自己清算」を連載し始める（『社会問題研究』）。 一〇月、マルクス『資本論』（宮川実と共訳）を分冊で刊行開始。 二月、大山郁夫と共同監修の『マルクス主義講座』刊行開始。	三月、金融恐慌勃発。 三月、日本共産党「二七年テーゼ」を採択。
二八	三	四九	一月、第一回普選に際し、労農党大山郁夫のために香川県で応援演説を行う。 四月一八日、京都帝国大学教授の職を辞す。 四月、『資本論入門』刊行開始。 一〇月、『経済学大綱』	二月、共産党中央機関紙『赤旗』創刊。普選による第一回総選挙。 三月、三・一五事件。 四月、労農党に解散命令。 六月、治安維持法改悪。

一九二九	昭和四	五〇	三月二四日、新党結成大会出席のため上京、初めて検束を受ける。 一月、レーニン『弁証法的唯物論について』(訳) 三月、『改造』に「第二貧乏物語」の連載を始める。	三月、山本宣治暗殺される。 四月、四・一六事件。 一〇月、世界大恐慌始まる。
三〇	五	五一	二月、大山郁夫らと新労農党結成。 三月、『マルクス主義経済学の基礎理論』 一月、上京して新労農党本部の仕事に従事し、『労働農民新聞』を編集。	八月、細迫兼光ら、新労農党解消論をとなえて除名される。 一〇月、野呂栄太郎『日本資本主義発達史』
三一	六	五二	一〇月、新労農党を解消して大山らと別れる。	二月、浜口首相狙撃される。 九月、満州事変勃発。
三二	七	五三	七月、日本共産党の委嘱により「三二年テーゼ」を翻訳し、『赤旗』に掲載される。 八月一三日、地下運動に入る。 八月一三日、日本共産党に正式に入党する。	五月、五・一五事件。『日本資本主義発達史講座』刊行開始。 一〇月、大森ギャング事件。共産党大検挙(熱海事件)。
三三	八	五四	一月一二日、中野の隠家で検挙される。	二月、岩田義道虐殺される。 二月、小林多喜二虐殺される。

			四月、「今後の生活方針」 七月、「獄中独語」 八月一日、第一回公判（判決懲役五年）ただちに「上申書」を提出。 九月、控訴を取下げ、下獄する。 一〇月三〇日、小菅刑務所に移される。	五月、京大・滝川事件おこる。 六月、佐野・鍋山の転向声明。
一九三四	昭和　九	五五	一月、「現在の心境」を提出。 二月一一日、皇太子生誕特赦により、刑期の四分の一を減ぜられる。 三月、所長室で佐野と会見。宗教論を思い立つ。	二月、野呂栄太郎獄死。
三五	一〇	五六	四月、「宗教とマルクス主義」を提出。『自叙伝』執筆許可される。 六月、「宗教的真理について」の稿成る。	二月、天皇機関説問題化。 三月、国体明徴決議。
三七	一二	五八	三月、『獄中贅語』の稿成る。 六月一五日、刑期満了して自宅（杉並区天沼）に帰り、「出獄の手記」発表。	六月、第一次近衛内閣成立。 七月、日中全面戦争開始。
三八	一三	五九	一〇月九日、転居（中野区氷川町）。	四月、国家総動員法公布。
三九	一四	六〇	三月、「獄中記」の稿成る。	五月、ノモンハン事件おこる。
四一	一六	六二	一二月二〇日、京都転居（左京区聖護院中町）。	一二月、太平洋戦争勃発。

一九四二	昭和一七	六三	一〇月、「大死一番」の稿成る。	六月、ミッドウェー沖海戦。
四三	一八	六四	四月、転居（左京区吉田上大路町）。「自画像」（六月）「幼年時代・少年時代」（一一月）の稿成る。	三月、ガダルカナル島撤退決定。五月、アッツ島の日本軍全滅。三月、学徒出陣。
四四	一九	六五	二月六日、『陸放翁鑑賞』の稿成る。「労農党解消後地下に入るまで」（九月）「僇かりし地下時代」（一一月）の稿成る。	七月、『改造』『中央公論』に廃刊命令、サイパン陥落、東条内閣総辞職。
四五	二〇	六六	一月、この頃より栄養失調甚しく、臥床すること多し。六月、「未決監」の稿成る。	八月一五日、無条件降伏。一〇月、治安維持法廃止、政治犯釈放。
四六	二一	六七	一月一七日、「同志野坂を迎へて」（詩）を発表。一月三〇日、肺炎併発して死去。	一月、野坂参三帰国歓迎国民大会。

参考文献

河上　肇『自叙伝』　岩波文庫　全五冊　岩波書店　一九七六
河上　肇『貧乏物語』　岩波文庫　岩波書店　一九四七
河上　肇『資本論入門』　青木文庫　全五冊　青木書店　一九五一～一九五二
『社会問題研究』（復刻版）　全一二巻　別巻一　社会思想社　一九七四～一九七五
『河上肇著作集』　全一二巻　筑摩書房　一九六四～一九六五
『河上肇』　現代日本思想大系19　筑摩書房　一九六四
『河上肇集』　近代日本思想大系18　筑摩書房　一九七七
『回想の河上肇』　小林輝次他編　世界評論社　一九四八
『河上肇研究』　末川　博編　筑摩書房　一九六五
『河上肇の人間像』　天野敬太郎他編　図書新聞社　一九六八
作田荘一『時代の人　河上肇』　開顕社　一九四九
住谷悦治『河上肇』　人物叢書　吉川弘文館　一九六二
大内兵衛『河上肇』　筑摩叢書　筑摩書房　一九六六
古田　光『河上肇』　UP選書　東京大学出版会　一九七六

住谷一彦　『河上肇の思想』　未来社　一九七六
杉原四郎・一海知義　『河上肇』　新評論　一九七九
向坂逸郎編　『近代日本の思想家』　和光社　一九五四
三枝博音　『日本の唯物論者』　英宝社　一九五六
岩崎允胤　『日本マルクス主義哲学史序説』　未来社　一九七一
山之内靖　『社会科学の方法と人間学』　岩波書店　一九七三
内田義彦　『日本資本主義の思想像』　岩波書店　一九七三
山田　洸　「河上肇における科学と宗教」　『現代と思想』　青木書店　一九七八年一二月号
「科学と宗教のことなど」『河上肇全集』続第五巻　月報三〇
岩波書店　一九八五年一月
小林栄三　「河上肇と日本共産党」　『前衛』　一九七九年一二月号

さくいん

【人名】

【書名】

【事　項】

河上肇《かわかみはじめ》■人と思想55　　定価はカバーに表示

1980年9月30日　第1刷発行©
2016年5月25日　新装版第1刷発行©

・著　者 ……………………………… 山田《やまだ》　洸《こう》
・発行者 ……………………………… 渡部　哲治
・印刷所 ……………………………… 広研印刷株式会社
・発行所 ……………………………… 株式会社　清水書院

〒102-0072　東京都千代田区飯田橋3-11-6
Tel・03(5213)7151〜7
振替口座・00130-3-5283
http://www.shimizushoin.co.jp

検印省略
落丁本・乱丁本は
おとりかえします。

CenturyBooks

Printed in Japan
ISBN978-4-389-42055-0

CenturyBooks

清水書院の〝センチュリーブックス〟発刊のことば

近年の科学技術の発達は、まことに目覚ましいものがあります。月世界への旅行も、近い将来のこととして、夢ではなくなりました。しかし、一方、人間性は疎外され、文化も、商品化されようとしていることも、否定できません。

いま、人間性の回復をはかり、先人の遺した偉大な文化を継承して、高貴な精神の城を守り、明日への創造に資することは、今世紀に生きる私たちの、重大な責務であると信じます。

私たちがここに、「センチュリーブックス」を刊行いたしますのは、人間形成期にある学生・生徒の諸君、職場にある若い世代に精神の糧を提供し、この責任の一端を果したいためであります。

ここに読者諸氏の豊かな人間性を讃えつつご愛読を願います。

一九六七年

清水 梼 [signature]

SHIMIZU SHOIN